あの会社はなぜ「違い」を生み出し続けられるのか

13のコラボ事例に学ぶ「共創価値のつくり方」

仲山進也

あの会社はなぜ「違い」を生み出し続けられるのか　目次
～13のコラボ事例に学ぶ「共創価値のつくり方」～

第2章

第4章

序章

孤独な競争を強いられる会社

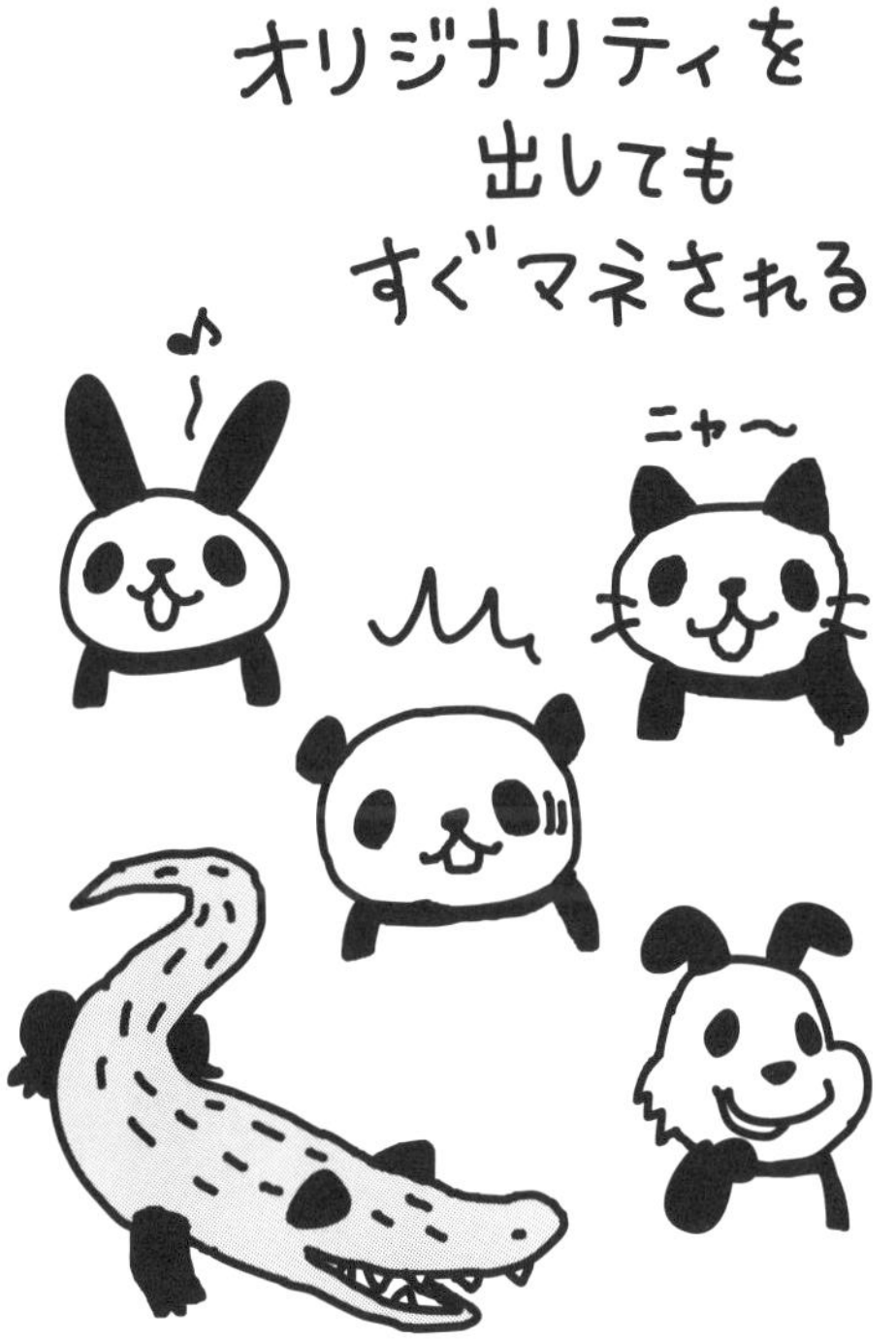
オリジナリティを
出しても
すぐマネされる
ニャ〜

ある社長が、夜中にSNSでつぶやきました。

「ウチのオリジナル商品を低レベルでコピーしている店が、ネットのランキングで暴れていて面白くない」。

つぶやきというより、嘆きです。続けて曰く、

「オリジナル商品がヒットする→コピーされる→価格競争が起きる→店舗が疲弊する。この流れは正義なんですかね」と。


別の経営者は、あるインタビューで「競争が激しいファッションジャンルのEコマースではどういう差別化が必要か？」という質問に、こう答えていました。

「商品を差別化してもネット上ではすぐにマネされてしまいます。マネされにくい部分での個性を持つ必要があります。お客さんが欲しい商品を、お客さんが望む価格で提供するのでは一歩遅く、私たちの側に『こういう流行をつくりたい』という意識がないと、お客さんに新鮮さを感じてもらえなくなります」。


マネされにくい部分での個性が必要。

まさにその通りです。

しかし、それはすでに多くの人が知っていることでもあります。すなわち、

「選ばれる理由」があれば価格競争に巻き込まれない、だから強みを活かしてマネされない「独自の価値」を生み出さなければいけない――

そういうハナシは耳にタコができるほど聞いて、知ってはいる。

でも、やろうと思っても、なかなかできない。

がんばって商品やサービスで「独自の価値」を企画しても、売れて目立つとすぐマネされて違いがなくなり、結局、模倣競争を経て価格競争に巻き込まれてしまう。かといって、マネされないように変わったことをしすぎても、お客さんにうまく価値が伝わらず、なかなか売れない。

「違いってむずかしい。独自の価値ってどうしたらいいの!?」と悶々とする日々。

そんな「孤独な競争」を強いられている会社が増えています。

そこへ福音のように聞こえてくるのが、「価値の共創」とか「競争から共創へ」というフレーズ。

「共創」は、むずかしく訳せば「コ・クリエーション」、平たく言えば「コラボ」です。

共創――ソーシャルメディアの普及と相まって、つながりから価値を生み出すアイデアとして提唱されることが増えつつある、気になるキーワードの一つです。

自分の強みと他者の強みを持ち寄って「共創」することで、そこにしかない独自の価値を生み出そう、ということはコンセプトとしては誰もが納得できます。

しかも、コラボすることで、自分一人でやるのに比べて相手の集客力にも期待ができます。

ぜひやりたい。すぐやりたい。孤独な競争さん、さようなら――

そうは思うものの、いざ実現しようとすると、思ったほど簡単にはいかないことが多いのが「共創」です。小さいところではAさんとBさんの二人コラボから、大きいところでは会社と会社のM＆Aまでありますが、「シナジーが利くはずだったのに利いていないザンネンな取り組み」は少なくありません。

試しに、共創がうまくいかないパターンを挙げてみましょう。

●何を共創するのか、誰と共創するのかが見つからない

- 「お客さんとの共創コミュニティ」を立ち上げるも、動き出さない、まとまらない
- 「コラボしましょう」と盛り上がるも、具体的な話になると「思っていたのと違う」となって空中分解
- 実現にこぎつけるまでの「調整」の結果、とんがりがなくなってしまっている
- 実行したところ結果が出ず、お互いに「二度とやらない」と思う
- 「ウチはこんなにコストを負担した」「話が違う」と費用負担でもめる

などなど、誰にでも心当たりがあるような事態が容易に思い浮かびます。

「共創」が簡単ではないことを裏付けるように、検索しても実践事例があまり出てきません。事例が出てきたとしても、「大企業が大掛かりな共創プラットフォームによって実現」とかいわれるとピンときにくい。「ユーザーを集めて商品を共同開発」くらいなら自分でもできそうだけど、それでうまくいくならそもそも苦労してない気がする……。

しかも「共創」と検索すると出てくる情報はアカデミックなものが多く、むずかしい言葉が並んでいてなんだか自分とは関係のない世界にしか思えない……という感じでモヤモヤするわけです。

その一方で、私のまわりでは全国の「中小企業」による、多種多様な共創の実践事例が出てきています。

お客さんとの共創
大手メーカーとの共創
同業他社との共創
異業種との共創
NPOとの共創
地方自治体との共創
高校生との共創　などなど

それぞれコラボによって独自の価値を生み出し、お客さんから「あの会社で買いたい」と思われる「違い」をつくり出している事例です。
早速、具体的なケースを一つ、ご紹介しましょう。

CASE 1
なぜ10万円の学習机が多くのメディアに取り上げられるのか？

いきなりですが、お題です。

【問】日本製の商品を扱っている家具店が広島にあります。海外製の商品と比べると品質では勝るものの、価格は2〜3倍にもなるため勝負になりません。そこで、このお店が実施した企画は次のうちのどれでしょう？

（1）広島に集まる体験ツアー
（2）ソーシャルメディアを活用した参加型キャンペーン
（3）海外でのプライベートブランド商品の開発

（考えタイム）

ちっ

ちっ

ちっ

ぼーん！

正解は、「（1）広島に集まる体験ツアー」でした！

高級家具の産地、広島県府中市で国産家具の小売り（Eコマース）を行う「家具の里」（運営会社は株式会社トイロ）の回答はこうなりました。

「つくえ、つくろう。」ツアーを開催

地元のNPOとコラボして、親子で一緒に学習机をつくるツアー「つくえ、つくろう。」を企画したのです。ツアーは全4日間。月に一度、合計4回、親子そろって広島に集まります。

1日目は、森林見学ツアー。地元にあるヒノキ林で伐採風景を見たあと、製材所で木材になるまでのプロセスを見学します。

移動のバスでは、「ぼくたちは自然の中で生きているんだよ」という話がされます。「山に降った雨は地面にしみ込んで、川になって流れて、海にたどり着いて、蒸発して雲になって、それがまた雨になって山に降って……という循環になっています」と。

さらに、「生態系が変わったために今、魚が獲れなくなっています。その理由は、山の環境が悪くなっ

たことにあります。魚が獲れるようになるために、漁師さんが山に木を植えているんです。それぐらい森が大切なんだよ」ということが語られるのです。

2日目は約1カ月後に、工場見学ツアー。家具職人さんの卓越した技を堪能します。親子で「日本のものづくり」を考える機会になるかもしれません。そのあと、さっきの職人さんが先生になって、いよいよ親子で自分たちの学習机をつくるワークショップが始まります。

さらに1カ月ずつ間をおいて、3日目、4日目と机づくりが続き、ようやく学習机3点セット（机、本棚、袖机）が完成。机そのものも、せっかく自分たちでつくるならオリジナリティがあったほうがいいということで、レーザーを使って引き出しの内側に「親から子へのメッセージ」を彫り込んでいます。

最後は、親子でつくった机に名前をつける「命名式」をやったあと、親から子への「贈呈式」が行われます。

「つくえ、つくろう。」は、２０１１年から、年に一回ペースで開催されています。地元メディアを中心に、マスコミの取材が相次ぎ、新聞・雑誌・ラジオなどで多数取り上げられました。学習机３点セットはネットショップで10万円強の価格で販売されているもので、ツアー参加費は机の費用込みで13～14万円ほど。

ツアーに参加したあるお客さんからは、「単身赴任で離れているのでこのツアーで家族の絆が深まった」という声が。奥さんが応募をして、ご主人はものづくりの経験もなく最初は乗り気ではなかったのですが、第一回を終えたあと二回目以降は「無理してでも参加したい」と思えるようになり、家族の誰よりも毎回のツアーを楽しみにしていたそうです。

主催者である龍田昌樹《りゅうだまさき》さん（株式会社トイロ 代表取締役）は、「何より大事なのは、親子で一緒に机をつくり、それを大切に使い続けて〝家族の絆〟を深めてもらうこと。家族と共に暮らす家具にしてもらいたいんです。地元府中でつくったオリジナル家具を皮切りに、国産家具のよさを広め、家具の産地を元気にしていきたい」と語ります。

なお、「家具の里」では「家族の絆」を理念に据えつつ、「家族家具」というコンセプトを掲げています。

「家具の里」は、もともと婚礼家具の産地として栄えた府中市の家具店でしたが、婚礼家具の需要が年々減っていくなか、Ｅコマースに活路を求めて２０００年に楽天市場へ出店します。売り上げの拡大とともに「家具の総合デパート」を目指して品ぞろえを増やしていきましたが、海外製品を格安で販売するスタイルのネットショップが増えたことで業績が低迷。そこで原点回帰して「家族の絆を届ける家具」をテーマに据え直し、商品数を半分まで絞り込みます。その結果、落ち込んだ売り上げが再び成長軌道に乗った、というバックグラウンドを持っているお店です。

「つくえ、つくろう。」は、地元のNPO「府中ノアンテナ」とのコラボとして実現しています。

このように、人との出会いやゆるやかなつながりを「共創」に変えられる人と変えられない人では、何が違うのでしょうか。

共創がうまくいかない大きな原因の一つは、「チームづくりに失敗しているから」です。「一緒になにかやれそうですね」という出会いから、チームとして成果を上げるまでの間には、「人（組織）と人（組織）のチームづくり」が必要なのです。

「志・理念」が接着剤になって共創チームができる

アイデアパーソンを中心に読み継がれているロングセラー『アイデアのつくり方』にあるように、新しいアイデアとは「既存の要素の新しい組み合わせ」です。モノや情報という「意志を持たない無生物」を組み合わせるのに比べると、「人と人」という「意志あるもの同士」を組み合わせるのは簡単ではありません。

「つくえ、つくろう。」事例の注目ポイントについて、「〝モノを売るな、体験を売れ〟ということね」と理解される方もいらっしゃると思います。もちろん、そこは重要です。

同じモノはよそでも買えても、この体験はここでしか買えないので、いわゆる価格競争から抜け出せることになります。

ただ、この事例で注目したいのは、単なる家具づくり体験としての価値ではなく、「家族の絆が深まるという価値」です。「家族の絆」という理念、そして「地元府中から家具の産地を元気に」という想いがしっかりとした軸として存在し、それを体現しているからこそ、この企画は魅力的なのです。

その想いが、同じく「地元を元気にしたい」という「府中ノアンテナ」メンバーの想いと共鳴したことで、一緒にこのプロジェクトをやることになったのです。龍田さんによると、府中ノアンテナさんは地元の家具店のどこかとコラボしたかったのではなく、「龍田さんと一緒にやりたい、と言われた」といいます。

「国産家具を売っているお店」はほかにもたくさんあるし、「森林見学ツアーを開催しているNPO」も珍しくはないと思います。それが「家具を通して地元を元気に」という志が接着剤となる形でチームになれたことによって、新しい共創価値が生まれたのです。

さらに、第2期、第3期と回を追うごとに、多くのメンバーが「自分にも手伝わせてほしい」と主催者チームに加わってきているといいます。

こうして、志が接着剤となったチームは、共感者を増やしながら前進・成長していくのです。

「つくえ、つくろう。」ツアー
画像共有サービスのPinterestを活用して、ツアーの模様がアップされています。これを見るだけでもジーンときます。
http://pinterest.com/tsukuetsukuro/

本書では、いろいろなパターンの実践事例を紹介しながら「共創価値のつくり方」について考えていきます。その際に、「マーケティングの視点」だけではなく、私の専門分野の一つである「チームづくりの視点」を考察に加えようというのが特長です。

では、お客さんから選ばれる「違い」を生み出し続けられる会社は、どのようなあり方・やり方をしているのでしょうか。

次の章で、「競争者」と「共創者」の違いを明らかにしていくところから始めてみましょう。

第1章

競争体質から共創体質へ

競争者と共創者

「競争から共創へ」という表現には、「競争するより共創したほうがよい」という意味合いに加えて、「競争していてはいつまで経っても共創できない」という意味合いが含まれます。競争体質と共創体質は「あり方」が異なる、まったくの別物なのです。

そこで、競争体質を脱する決意を固めやすくなるように、「共創体質への道を探るほうがよい理由」を整理しておきましょう。「競争者」と「共創者」を対比させながらみていくことにします。

(1) リソースを消耗し合う競争者、リソースを掛け合わせる共創者

「競争者」は、売り上げをつくるにあたって短期的な効率を重視するので、売れているモノを仕入れてきて売ります。競争者みんなで同種同類のモノを売って、模倣競争して、価格競争して、みんなで消耗して疲弊していくので、長期的にみるとリソースの効率がよくありません。これはもったいないことです。

競争というのは基本的に「対戦型」です。対戦型競技である野球や柔道をイメージしてみてほしいのですが、勝つためには競争相手の強み、よいパフォーマンスを打ち消すことが重要になります。

したがって、独自の価値を生み出すより先に、相手との「差分を埋めること」にリソース配分が優先されがちです。その結果、同じような商品・サービスがどんどん増えていくことになります。これを「同質化」といいますが、同質化はそもそも「強者の戦略」、業界1位のジャイアントのための戦い方です。なぜなら、違いがなくなればなくなるほど、「どこで買っても大差ないなら、業界ナンバーワンのところで買うのが安心だね」と思われやすくなるからです。

「共創者」は、メンバー各社の強みを掛け合わせることで業界1位のジャイアントと比べられても選ばれる「違い」を生み出そうとします。

「共創」にはお金も時間も労力もかかります。お互いをジグソーパズルのピースに見立てると、凸と凹がぴったりハマる組み合わせを見つけるまで、テーブルの上を散らかしながらガチャガチャとやるイメージです。

一見、効率が悪そうですが、凸凹がぴったりハマって価値を創造することができたなら、各社が個別にがんばるよりもリソース効率はよくなります。したがって、業界ナンバー2以下の会社は、他社とのパフォーマンスの打ち消し合いにリソースを使うくらいなら、競争はやめてしまって、その分を価値創造に回すほうが得策です。

それは業界ナンバーワンの会社にとっても同様で、競争で消耗するより価値の共創にリソースを使ったほうが、業界全体が活性化する可能性も開けてくるはずです。パイを奪い合うのではなく、みんなで一緒に新たなパイをつくり出していく発想です。

グローバルな視野で考えてみると、国内で消耗し合っていることの無意味さは一層わかりやすくなります。戦って疲弊しているうちに、第三者に漁夫の利を持って行かれてしまいます。

孫子の兵法でいう「不敗」の考え方では、消耗しながら百回勝つことよりも、消耗しないよう一度も負けないことが重要とされます。そのためには「戦わないで済むようにする」のが最も優れた戦略であり、その手段として有効なものの一つが「共創」ということです。

（2）孤独に闘う競争者、異能と遊ぶ共創者

「競争者」は、常に競合他社をウォッチしています。気になって気になって仕方ないからです。ネットで自分のジャンルのランキングを1時間おきに眺め、競合他社の成功事例を調べ、失敗事例を収集します。売れ筋商品の価格を調査して、どこが最安値を出してきたかチェックします。自分が出していた最安値の下をくぐられると、負けじと相手より1円でも下げようとします。

競争者にとっては、同業他社はみんな敵です。

それだけでなく、取引先も「いかに安く仕入れられるか」という意味で利益が相反する駆け引きの相手だから、敵。

お客さんさえも「いかに高く買わせられるか」の駆け引きの相手という意味で、敵といえば敵です。

こうして、競争体質の人はまわりがみんな敵だらけになってしまいます。その状態で共創相手など見つかるはずもなく、孤独な競争を続けていくことになるのです。

なお、「孤独」という言葉には、ポジティブな意味合いもあります。「最終的に判断するのは自分なので経営者は孤独であれ」というような場合です。しかし、ここでは「望

んでいないのに孤立してしまうこと」というザンネンな意味合いで使っています。

また、「新しいアイデアは、既存の要素の新しい組み合わせ」という視点で考えても、競争体質にはデメリットがあります。変化のスピードが速いなかで消耗戦を続けるうちに余裕がなくなってくるほど、視野が狭くなって、競合しか見えなくなりがちです。すると、アイデアとしても業界の常識の枠を超えない「既存の組み合わせ」しか思い浮かばなくなるからです。


「共創者」は、同業者の動向にあまり興味がありません。売れ筋ランキングなども見ないし、調査のため価格の安い順に並べ替えたりもしません。「気にならない」という人もいるし、「見たら気になっちゃうから見ないようにしている（笑）」という人もいます。

その代わり、異質な人や異能な人との交流を大事にします。異質・異能な人は、自分とは違う視点・視野・視座でものを見ているので、知らないことを教えてくれます。また、得意なことも全然違うので、自分にとっては普通なことを「すごい！」と言ってくれます。つまり、自分では気づいていなかった「自分の強み」を教えてくれるのです。

そして、志を共有できる、気の合うパートナーが見つかって話が盛り上がり、コラボが実現して、いつのまにか孤独な同業者にはマネのできない共創価値が生まれます。

新しいアイデアが「既存の要素の新しい組み合わせ」なので、異質なもの同士を組み合わせるほうが可能性は広がることになるのを、共創者は知っているのです。

「お客さん×自社」や**「仕入先×自社」「同業他社×自社」「異業種他社×自社」**、さらに**「NPO×企業」「行政×企業」「学生×企業」**のような異質なもの同士の組み合わせで化学反応を起こせると、自然な形で新たな独自の価値を生み出せたことになります。

(3) ウィン・ウィンの競争者、ハッピー・ハッピー・ハッピーの共創者

「競争者」は、ウィン・ウィンという言葉が好きです。利害が一致し、競争を有利に進めるために利用できそうな相手を見つけると、自分も相手も勝って儲かるようなコラボの枠組みや取引条件を考えます。それがうまくいけばコラボ成功、ウィン・ウィンです。

ただ、競争を前提にしたウィン・ウィンというのは、言外に「自分たち以外の誰かを負かしている」というニュアンスを含みます。ウィン・ウィンが「自分」と「コラボ相手（取引先）」を指す場合には、お客さんが敗者になっている可能性があります。「商品をいかに高く買わせられるか」という表現を見かけることがありますが、これなどはベースに「お客さんを敗者にする」、または「敗者になっていることに気づかせないための工

夫をする」という姿勢が透けて見えます。

逆に、取引先が敗者になっている場合もあり得ます。「顧客（と自社）第一」を優先するために、取引先に厳しい取引条件を提示しているケースです。

こうして、コラボが成功するたびに、敗者や敵を増やしているわけです。

なお、コラボが失敗すれば、「金の切れ目が縁の切れ目」となります。解散する前にもめたりすれば、コラボ相手までが敵となることもあります。成功し続けなければ、ウィン・ウィンの関係の維持は難しくなるので、長続きさせるためにはかなりの知力、体力、精神力や時の運が求められます。

競争者は、よく「生き残りをかけて」と言います。

自社が生き残るために、がんばって競合他社を打倒しようとします。でも、お客さんの立場から考えてみると……自分が欲しい商品を売っている会社は、1社あれば足ります。そこで買って満足さえできれば、別にどの会社であろうと構わないわけです。わざわざ「打倒、競合他社ッ！」と叫びながら戦っている会社を選んで、応援したくなる理由は特にありません。お客さんからみると、「なくなっても別に困らない存在」に過ぎないのです。

「共創者」は、よそでは買えない価値を提供しているので、お客さんからすると「この会社はなくなってもらっては困る」という存在になっています。もし万が一、会社存続の危機に瀕するようなことがあっても、お客さんがみんなで買い支えてくれたり、まわりの人が手伝ってくれたりします。しかも、お礼を言うと、逆に「あなたの役に立てる機会ができてうれしいよ」と言われたりします。

共創者は、「生き残りをかける」ことなど考えもせず、志を掲げ、「誰かと一緒に面白いことをやりたい！」と思いながら日々仕事をしています。勝ち負けの世界に生きていないため、ウィン・ウィンという言葉には違和感を感じるので、あまり使いません。その代わりに、「ハッピー・ハッピー・ハッピー」を目指します。自分たち（共創チーム）がハッピーで、お客さんもハッピーで、直接には取引関係のない第三者（世の中）もハッピーになるような価値を創造します。近江商人の「三方よし」（売り手よし、買い手よし、世間よし）と同じ意味合いです。なので、直接の取引関係にないような人からも「あの会社がウチの地域からなくなると困る」などと思われています。

共創者は、すぐに結果が出なくても慌てません。結果が出るまでの共創プロセス自体を楽しみます。「やりたいことを語り合って意気投合し、パートナーとお互いの強みをすり合わせながら試行錯誤した結果として、コラボがうまくいきました」という形を理想と考えています。

さて、「競争者」と「共創者」の違いが明らかになったところで、次は「共創価値のつくり方」について考えていきましょう。

「選ばれている価値」は売り手の知らないうちに変化する

「共創価値のつくり方」というテーマは、3つの要素に分けられます。

（1）　価値とは
（2）　共創とは
（3）　つくり方とは

の3つです。

まず、「価値とは」というところから考えたいと思います。問いが根本的すぎて「なにを今さら？」という疑問を持たれるかもしれませんが、以前、こんなことがありまして――

南三陸のお店の話です。

震災後に南三陸町で最初に営業を再開したお店（実店舗）があります。それまで、町の人は買い物をするために車で片道1時間ほどかけて内陸部にある登米市まで行かなければいけませんでした。往復2時間の移動コストや時間コストがかかっていました。

なので、お客さんからみると最初にオープンしたお店に対しては、「2時間の移動コストを解消してくれた」とか「自分の住む町までモノを運んできてくれた」という「流通の価値」を感じていたわけです。言い換えると、2時間かかるお店に比べて「近所だから」ということが「選ばれる価値」になっています。

ただ、そのうちに他のお店も営業を再開し始めます。いくつかのお店が並ぶようになると、お客さんには「どのお店で買おうかな」という選択肢ができます。どのお店も同じ「流通の価値」を提供してくれていることになるので、もはや最初のお店には「流通の価値」は感じなくなってしまっています。こんどは、どっちの魚が安いか、おいしいか、接客がいいか、などが「選ばれる価値」になることになります。

考えてみればあたりまえのことなのですが、改めて目の当たりにすると「価値ってコワいな」と思いました。

最初にオープンしたお店の人は、それまでと同じ商品を並べて、同じようにお店を開いて、同じように接客をしています。そのような状況であれば一般論として、売り手の視座からは「同じ価値を売っている」と思っているはずです。

でも、お客さんが買いに来てくれた価値は、お客さんを取り巻く環境の変化によってまったく変わってしまっています。「選ばれた価値」は、「2時間の移動を解消してくれる」ではなく、「こっちのほうが安い（おいしい）」などにすり替わっているわけです。

地方の商店街が廃れていったり、勢いのあったネットショップが数年で消えていったりする大きな原因の一つに、この「選ばれていた価値の変遷に気づかなかったこと」があると思うのです。

【❶価値】商品そのものに「選ばれた価値」はあるか

現在のようにネットでモノを買えて、玄関まで届けてくれる時代になると、「流通」の価値はみんなが提供できています。しかも、「究極の自動販売機」を志向する巨大ECサイトが、ジャイアントの強みを最大限に活かしてスピード配送や送料無料（または格安な送料）を実現しています。

リアル店舗で商品を目の前にしているとき、ネットで注文することが可能な人にとっては「ネットで買う」という選択肢が常に存在しています。場合によってはリアル店舗にいるときでさえ「ネットが第一の選択肢」で、実際に商品を見ながら、そことは違うお店のECサイトで注文する時代です。このような購買行動は「ショールーミング」と呼ばれています。

もはや「小売業」が提供している有意な価値は「流通」ではないことは明らかです。

リアル店舗の価値として、「手に取って見られるところまで商品を運んで、きれいに陳列した」だけでは、「選ばれる価値」があるとはいえないわけです。

そうだとすれば、「ウチは一体、何の価値を提供しているのか?」「何によって選ばれているのか?」ということの見直しというか、再定義をするときにきています。

そこからさらに考えを進めてみると、「そもそもモノ自体に価値はないと考えたほうがよいのではないか?」という疑問が湧いてきます。

これはどういうことでしょうか。

ほかのお店で同じモノや同種・同類・同等のモノを売っているなら、「選ばれた理由」はモノの価値にはない、ということです。

こんなことを言うと、「いやいや、モノに価値があるから売れるんでしょ」と思われる方は多いと思います。「少なくとも原価分の価値があることは明らかでしょ」と。

でも、お客さんが見えている選択肢のなかに、同等の価値をもつモノがほかにある、ほかのお店でも買えるということは、選ぶにあたっての差がないので無価値と同じ。価値10の商品と価値10の商品を比べると、差はゼロということです。

つまり、「選ばれる理由」としての価値というのは「ほかとの違い」にしかないわけです。

そして、**「選ばれた価値」と「商品の価値」は多くの場合、別物なのです。**

商品をつくっている人や売っている人が「モノに価値がある」と思っていると、「お客さんが買ってくれているのは、商品の価値だ」と思ってしまいがちです。だからネットかリアルかにかかわらず、価値あるモノ、よいモノを並べておけば売れていくように思ってしまいます。

でも実際は、南三陸のお店から「流通の価値」が消えてしまったあとのように、お客さんがそこで買っている価値は「そのお店の、ほかとの違い」です。

大事なのは、お客さんから「選ばれる違い」をつくること。

とはいっても、ただ違いをつくればよいわけではありません。

よく言われることですが、差別化すること自体を目的とした「差別化のための違い」だと、

●そもそもお客さんが選択基準にしていないところで違いをつくってしまって選ばれない

●専門家にはわかっても、お客さんが違いを認識できないぐらいの微差でしかないので伝わらない

ということになりがちです。

「ウチの商品はオリジナルなので、ほかでは買えない独自の価値だ」という人もいるでしょう。しかし、その場合でも、お客さんからみて同種・同類・同等のモノがほかにあり、違いが明確にわからなければ、違いがないのと同じです。

そういう意味で、自分が提供している価値を見直すにあたっては、「モノ自体には価値がない」という前提からスタートするくらいがちょうどいいのです。単にモノを並べているだけでは、ジャイアントの一人勝ちです。なので、「仮にモノに価値がないとしたら、ほかでどんな価値をつくろうかな」と考えてみるほうがうまくいきやすいのです。

自分が提供している価値（選ばれた理由）を見直すときのステップをまとめると、こうなります。

①「商品そのものに価値はない」という前提からスタートする

②売り手視座からではなく「お客さん視座からみたときの、お店を選ぶ決め手になった違い」にフォーカスする

③その違いのうち、「自分たちがつき合いたいお客さん」が採用している選択基準を洗い出す（つき合いたくないお客さんが採用している選択基準のことは、考えない）

④そのお客さんからみて重要な「違い」が伝わりやすく表現できているか、という視点で価値創造・価値伝達のデザインをする

では、価値を生み出す「共創」というのは、どのようなものなのでしょうか？

【❷共創】共創とは、「お客さんと一緒に商品開発をすること」だけではない

「価値」に続いて、「共創とは」ということを考えてみます。

「共創」で検索をすると、「お客さんと一緒に商品を企画開発する」という狭い意味で使われているケースが目立ちます。また、「コラボ」といえば、キティちゃんが展開しているような「ブランド×ブランド」のコラボ商品がまっ先に思い浮かびます。

ですが、この本ではもっと広い意味合いで「共創」を考えていきます。

売り手に買い手、異業種・異業態、営利・非営利、オトナもコドモも、会社も社会も全部ひっくるめて、

「共有された理念やビジョンのもと、自分の強みと他人の強みを掛け合わせて価値を生み出すこと」

を共創と呼びます。

競争から共創へシフトするためには、考え方のフレームワークを変える必要があります。「競争の４Ｐ」から「共創の３Ｃ」へのシフトです。

競争の４Ｐとは、従来の、

●Product（製品）
●Price（価格）
●Place（流通）
●Promotion（プロモーション）

です。これが「共創の３Ｃ」にシフトすると、こうなります。

●**モノ・値段（Product,Price）から【コンテンツ（Content)】へ**
●**販促（Promotion）から【対話（Communication)】へ**
●**売り場（Place）から【遊び場（Community)】へ**

なぜこのように置き換えられるのか、詳しくみていきましょう。

●静的コマースから動的コマースへ

「共創の3C」を考えるときの助けとなるキーワードがあります。

「静的コマースから動的コマースへ」というものです。

静的コマースは、カタログ的または自動販売機的に、モノを決まった価格で販売するスタイル。セールで値引きする場合も含まれます。

一方、動的コマースは、オークションや共同購入、クラウドファンディングなど、「参加型企画」による動きのあるスタイルです。

この両者では、「対象となるお客さん像」と「提供する価値」が異なります。

静的コマースの対象となるお客さん像は、「検索する人」。

「すでに欲しいモノがある人」に「便利さ（安さ・時間短縮・手間軽減など）」の価値を提供します。「できるだけ効率よく買い物を済ませたい」と思っている人に、最小限のコストでモノを買ってもらいます。

一方、動的コマースの対象となるお客さん像は、「探索する人」。

「欲しいモノがない（気づいていない）人」に「楽しさ（コミュニケーション・つながり・学びなど）」の価値を提供します。「なにか面白いことはないかな」と思っている人に、遊んでもらいながらモノを買ってもらいます。

事業者が売り上げを増やすための方法も違います。

静的コマースは、「有名になること」でお客さんが増えます。宣伝や広報によって露出を高め、認知度アップを図ります。

動的コマースは、「お客さんと遊ぶこと」でお客さんが増えます。お客さんと遊べる場を企画し、コミュニケーション量を増やして距離を縮めることで「仲間」が増えます。その仲間が自分の友達を連れてきてくれて、お客さんが増えていきます。

「ECサイト」や「ネットショップ」というと、静的コマースのイメージを思い浮かべる人が多いかもしれません。ただ、静的コマースのスタイルだと、特にネットショップにおいてはマネされやすい状況があります。人気ランキングに入ると、すぐ他社から同種・同類・同等の商品が売り出されます。ページや売り方も、極端に言えばHTMLのソースをコピー&ペーストできてしまいます。

こうして静的コマースの世界はすでに消耗戦に突入し、圧倒的に規模の大きいところが強く、まともに戦ってもジャイアントキリング（大金星）は望みにくい状況になっています。「競争体質で静的コマース」の商売スタイルがもっとも消耗しやすいのです。

そこで、まともに戦わないための工夫として、「動的コマース」へのシフトが注目されているわけです。「シフト」といっても、静的コマースをやめて動的コマースをやるという意味ではありません。あくまで、「静的コマースだけだと消耗戦に陥りやすいので、動的コマースを取り入れることで状況を変えられる」という意味合いです。

静的コマースと動的コマースの違いをまとめると、次ページの表のようになります。

では、静的コマースから動的コマースへシフトするためにはどうしたらよいか。

従来の「競争の4P」から離れることです。

静的コマース　と　動的コマース

	静的コマース	動的コマース
スタイル	モノを決まった価格で販売するスタイル ・カタログ的、自動販売機的	参加型企画による動きのあるスタイル ・オークション、共同購入、コンテスト、クラウドファンディングなど
模倣容易性	マネされやすい	マネされにくい
ジャイキリ可能性	巨人には勝てない	巨人とは勝負しない
対象のお客さん像	検索する人	探索する人
提供する価値	便利さ（コスト最小化）	楽しさ（ベネフィット最大化）
顧客増大の秘訣	有名になる	お客さんと遊ぶ
コンセプト	モノ中心	価値中心

なぜなら、従来の４Ｐは「モノ（Product）」中心の考え方だから。

このフレームワークは、

●いかに競合他社より優れた製品をつくり、
●需要と供給のバランスによる適正かつ競争力のあるプライシングを行い、
●消費者の近くまで流通させ、
●背中を押すための販売促進活動を展開するか

が重要だった時代には、有効だったと思います。

しかし、４つの視点のうち、

●商品では差がつけられなくなり、
●価格競争が激化し、
●流通の価値は「選ばれる理由」にならなくなったことで、

●プロモーションだけが違いを生み出せる視点になりつつあるといえます。ただ、それも「物販」のプロモーションという前提では、モノが売れない時代においてはコストばかりかかることになってしまいます。しかも、売れたら売れたで、プロモーション手法もすぐにマネされてしまいます。

そこで役に立つのが、モノ中心の考え方ではなく、価値中心の考え方である「共創の3C」なのです。

●「競争の4P」から「共創の3C」へ

①モノ・値段（Product,Price）から【コンテンツ（Content)】へ
②販促（Promotion）から【対話（Communication)】へ
③売り場（Place）から【遊び場（Community)】へ

どういうことか、これまで出てきた視点も整理しながらみていきましょう。

①モノ・値段（Product,Price）から【コンテンツ（Content）】へ

「価格（Price）」競争や「模倣（Product）」競争といった消耗戦に持ち込むのではなく、自分が売っているモノに関する知識・経験と愛情をなんらかの「コンテンツ」として発信していく。それによってお客さんとの信頼関係を築くことで、「この店で買いたい」と思ってもらえる、いや、もっと正確に言うなら、「この商品を買うなら、この店しかありえないでしょ！」と思ってもらえるような魅力を放つお店になること。それこそが「選ばれる違い」となる価値を生み出します。

『インターネットマガジン』の元編集長であり、ソーシャルメディアマーケティングに詳しい倉園佳三さんの言葉で、こういうものがあります。

「好き」のこもった、深く、濃いコンテンツを常軌を逸して発信し続けろ。「熱」は伝わる！

「『好き』のこもった、深く、濃いコンテンツ」とは、どういうことか。

倉園さんはこう言います。

「あるジャンルに特化してウォッチし続け、独自の切り口でもって正直に誠実に熱のこもったオピニオンを伝えてくれる。そんなブログや動画やメールマガジンに出合うとき、『これなら買ってもいいかも』という気にさせられるものです。

さらに、ソーシャルメディアの登場以来、そうした情熱系コンテンツはリツイートや『いいね！』を通じて、自然に広まっていくようになりました」。

そのようなコンテンツを生み出すことは簡単ではありませんが、自分と向き合いながら、強みを活かし、夢中になって熱を発し続けてみる。するとその熱を受け取って、「融点」を超えた人が初めて「ファン」になり、動的な企画にも参加してくれるようになります。

そのファンに対し、次に述べる「対話」を通じてさらに熱の伝導が進んでいき、「沸点」を超えた人が「サポーター」や「パートナー」となってくれて、「共創」の可能性がひらけていくのです。

では、「常軌を逸して発信し続けろ」とは、どういう意味か。

「圧倒的な熱量で相手の期待値を超えることで感動を呼び起こす」という意味合いはもちろんありますが、それだけではありません。

「発信量」と「オススメの信用度」の関係という視点で考えてみましょう。

自分にはあまり知識のないモノを欲しくなったとします。たとえば「ベッド」。

あるお店の人は、「ベッドを買うなら、この商品がいいよ」と一点推しをしています。

別のお店の人は、世界中の高級ホテルを泊まり歩いて100種類のベッドに寝てみた体験レポートをブログにアップした上で、「この商品がいいよ」と言っています。

「分母が1のイチオシ」と「分母が100のイチオシ」の違いです。

発信量が変わると、魅力が変わります。どこかのタイミングで、量が質に転化します。

発信量の分母が多ければ多いほど、選ばれた「1」の価値がハッキリします。

それが「常軌を逸して発信し続ける」ことの意味として大きなものの一つです。

②販促（Promotion）から【対話（Communication）】へ

私たちが使っている、「魅力の公式」があります。

「魅力伝達度　＝　コミュニケーション量の2乗」

これはコミュニケーション量が増えれば増えるほど、加速度的に魅力が伝わるようになっていくことを表したものです。

ここでいうコミュニケーションとは、二つの意味合いがあって、

a.「伝えたい価値・魅力」を伝えて、わかってもらうこと

b.お客さんに、話してもらい、体験してもらうこと

をいいます。

販促（Promotion）のために情報を発信しても、お客さんに受け取ってもらい、かつわかってもらえなければコミュニケーションは成立しているとはいえません。つまり、aの意味するところは、コミュニケーションは「何を伝えたか」ではなく、「何が伝わったか」がすべてだ、ということです。

「販促」ということばは、「売り込む側」と「売り込まれる側」という、立ち位置が対立しているニュアンスを含みます。モノがあふれた状況では、人は売り込まれることを好まないので、販促コミュニケーションだと感じ取った時点で、拒絶またはスルーしたくなります。

そういう意味で、一方的に情報を発信するのではなく、お客さんが自分で話したり体験したりする「双方向」のコミュニケーションが重要になります。なぜなら、それによって、

そこでのテーマ（お店・商品・プロジェクトなどのこと）が「自分ごと化」するからです。これが、bの意味するところです。

bの意味のコミュニケーションが自然な形で生まれやすい機会や場をつくることが「動的コマース」であり、それによってコミュニケーション量が増えるうちに、量が質に転化するタイミングが訪れます。それが「共創」につながっていくのです。

③売り場（Place）から【遊び場（Community）】へ

「モノには価値がない」「流通の価値は選ばれる理由にならない」という前提で「Place（場）」を考えていくと、流通チャネルの拡大として単に商品を並べた「売り場」を増やすことでは価値になりません。それはリアルショップにしてもネットショップにしても同じこと。ネットショップはこれまで、リアルショップをやっている企業の販路拡大策として位置づけられることが多かったのですが、中途半端に商品を並べるだけの静的コマースでは存在意義が薄くなりつつあります。

動的コマースの視点からは、お客さんと一緒に「遊ぶ場（Community）」をつくることが価値を生み出すと考えます。

最初に「遊び場」を企画することもあれば、「深く濃いコンテンツを、常軌を逸して発信し続ける」ことで共感・共鳴した人たちが集まってきて、なかば自然発生的に「遊び場」ができる場合もあります。

そこに参加することによって得られる「心地よい居場所、人とのつながりや学び」が価値になります。その遊び場での活動を営むなかで、ある日、コミュニティの仲間が扱っている商品を買いたくなるタイミングがきたとします。そのときは「その人から買う」という形で購買につながっていく。そうやって「コミュニティメンバーの関係性のなかを商品が流れる」ような商売の形です。

ここで「コミュニティ」について掘り下げてみましょう。
コミュニティのスタイルは、大きく3種類に分けられます。

a. 人（リーダー的存在）につながっているコミュニティ
b. メンバー同士が有機的につながっているコミュニティ
c. コンセプトにつながっているコミュニティ

それゆえ、必ずしも運営者がリーダーになる必要はありません。ですから、運営者よりお客さんのほうが圧倒的に知識豊富な場合でもコミュニティはつくれます。

また、メンバー同士がつながらない形もあり得ます。

「コミュニティをつくる」というと、自分のニガテなスタイルを思い浮かべて、「自分には難しい」「ウチには合わない」と思ってしまう人も少なくありませんが、自分の好みや得意なスタイルでつくり上げていくことは可能です。

もっとも、3つの要素すべてを満たすコミュニティのほうが活性化しやすくなります。

コミュニティが活性化してくると、その中に「共創チーム」が生まれやすくなります。

コミュニティとチームは、似て非なるものです。

チームは、一つのビジョンのもとにメンバーが集まり、そのビジョンが実現されると解散します。たとえば、コミュニティ内で誰かが「バーベキューやりたい」というビジョンを掲げ、それに賛同する人たちが集まります。そしてバーベキューの開催に向けてチームづくりが始まり、各自の強みに合わせた役割分担ができていき、バーベキュー（ビジョン）が実現されればチームは解散します。そしてまたコミュニティに帰っていくわけです。

こうしてコミュニティのなかで様々なチームの結成・解散が繰り返されることで、コミュニティの結びつきも強くなっていきます。

つながりの濃い人たちと、狭くても深いコミュニケーションをするほうが、熱量が高まります。そのプロセスから、新しい共創チームやコンテンツがどんどん生まれていきます。それがまたSNSなどを通じて広まっていき、共感・共鳴した人が新たに加わってきてくれます。こうして、「深く、濃いコンテンツ」の下に集まった結びつきの強いコミュニティこそが、さらに「深く濃いコンテンツを、常軌を逸して発信し続ける」ための原動力にもなる、というループが生まれるのです。

「温度の低い人に振り向いてもらうためのコミュニケーション」にエネルギーをかけるくらいなら、人数は少なくとも、すでに面白がってくれている人たちが集まるテーマを選んで場をつくるほうが、中長期的にみて成果が出ます。コミュニティを立ち上げるときに、「ハードルを下げてなるべくたくさんの人を集めようとする」とうまくいかなくなるのは、それが理由の一つです。

特に規模の大きな企業になるほど、コミュニティの立ち上げを企画する際、ユーザー数、アクセス数、滞在時間などのKPI（指標）設定から始めてしまうケースが見られますが、それをやるとほぼ確実にうまくいきません。コミュニティでなにをやるかという価値・

魅力のデザインこそがキモです。

繰り返しになりますが、コミュニティは、「深く、狭く、熱量の高いところ」から立ち上がりやすいものです。最初から人数を集めることが目標になったりすると、興味関心のない人まで集めてしまったり、肝心のコンテンツに注力できなかったりして、本末転倒になりがちです。

それよりも、小さく生んで大きく育てるほうがうまくいきます。お店の人とお客さんの二人がSNS上で会話して盛り上がっているところに観客が出てきて、そのうち興味を持った人が参加してきてくれたら、それはコミュニティといえます。そうやって徐々にコミュニティを大きくしていくのがオススメです。

●共創を構成する4つの「P」

「競争の4Pから共創の3Cへのシフト」という視点に続いては、共創に必要な要素を表わすフレームワーク「共創の4P」の登場です。

共創の4Pとは、

- Player（遊ぶ人）
- Partner（チームメイト）
- Project（面白いこと）
- Philosophy（哲学・理念・ビジョン）

です。従来の「競争」をベースにした考え方に比べると、次のようなシフトがあることを意味しています。

- **忙しい人（Business Person）から【遊ぶ人（Player)】へ**
- **競合・顧客（Competitor, Customer）から【チームメイト（Partner)】へ**
- **計画（Plan）から【面白いこと（Project)】へ**
- **管理統制（Management control）から【哲学・理念・ビジョン（Philosophy)】へ**

最初の「プレイヤー（遊ぶ人）」については、あるサッカー業界の友人がこういう表現をしていたのが印象に残っています。

「クリスティアーノ・ロナウドはアスリート、マラドーナはプレイヤー」。

クリスティアーノ・ロナウド選手は現代のスターで、マラドーナ選手は20世紀のサッカー史に名を残すスターです。

さらに続けて曰く、「ロナウドは速いし、強いし、うまいけど、やっぱりワクワクするのはマラドーナの遊び心を感じさせるプレーなんだよね」と。

私もサッカー少年時代にマラドーナのプレーに魅了された一人なので、よくわかります。ロナウドは世界最高プレイヤーに何度も選ばれるような素晴らしいアスリートなのですが、やっぱりマラドーナのように体が小さくて身体能力も決して高くはない選手が、大きくて身体能力も高い選手を手玉に取るようなプレーで魅せるというのは、サッカーの面白さや深さを教えてくれます（ここ、サッカーがよくわからない方はサラッと流し読みしちゃってください！）。


これをEコマースの世界に置き換えてみると、ロナウドに該当するのは「速くて、品ぞろえが豊富で、価格も安い」という巨大サイトが思い浮かびます。まさに「競争するビジネスアスリート」といったイメージです。

戦略・戦術を計画に落とし込み、忙しい業務（ビジネス）をマネジメント・コントロールによって効率化し、競合他社を圧倒する価値をターゲットである顧客に提供します。

これに対して、マラドーナに該当する「プレイヤー」は、文字通り「遊ぶ人」です。仕事を遊ぶかのように動的コマースをやり、「共創」をします。

「かくれんぼする者、この指とまれ！」のイメージがわかりやすいかもしれません。

●言い出しっぺがプロジェクトのビジョン（みんなでかくれんぼ）を掲げる
●プロジェクトのビジョンに共感する仲間が集まってチームをつくる
●各メンバーが強みを持ち寄ると、ちょっと変わったルールの「面白いかくれんぼ」ができることに気づく（共創）
●みんな一緒に、夢中で遊ぶ
●楽しそうだから、それを見た人たち（お客さんなど）が「入ーれーて！」と寄ってくる

このような流れになれば、共創は完成です。

「入ーれーて！」と寄ってくる人は、お客さんだけとは限りません。

掲げるビジョンが「業界を元気にしたい！」というものであれば、同業他社ですらチームメイトになりますし、「地元を元気にしたい！」というものであれば、地方自治体や地元のＮＰＯもパートナーになり得ます。「つくえ、つくろう。」の事例がそうでした。

ここで重要なのは、掲げる理念やビジョン（Philosophy）の内容です。それは利他的であることが求められます。

単に「自社が儲かればよい」という利己的なものでは誰も集まってきません。ただ、利他的なものだとしても自己犠牲が過ぎると長続きしなくなります。自分がガマンしてやる「遊び」ではいけないわけです。

そこでキーワードになるのが「自己中心的利他」です。自分がやりたいことを夢中でやっていると、まわりの人が「いいね！」や「ありがとう！」といってくれるような状態を「自己中心的利他」と呼んでいます。共創体質に欠かせない要素の一つです。

【❸つくり方】共創価値の「つくり方」とは

「人と人が一緒に何かをやる」という意味で、共創価値のつくり方の要諦とは「チームのつくり方」にほかなりません。

コラボがうまくいかない理由は、前述のように、ほとんどの場合、「チームづくりに失敗しているから」です。

では、チームづくりというのは、なにをどうすることなのか。私の専門分野のひとつがチームビルディングですので、この本の後半（第3章）で改めて「共創のためのチームづくりの考え方と作法」を詳しく取り上げます。

ここまで、「共創価値のつくり方」のポイントについて、「価値」「共創」「つくり方」という3つの視点で考察してきました。

この章の最後に、「共創によって生み出される独自の価値とは何か」ということを考えてみましょう。

そのときに浮かんでくるキーワードが**「参加価値」**です。

「参加価値」というのはどういうことかというと、単に商品とお金を交換するのではなくて、「魅力的なプロジェクトに一枚噛むことができる価値」です。

自分が何らかの面白い企画や意義ある活動に参加をしているような「自分ごと感」「手触り感」を得られるとか、自分の強みを発揮する機会をもらえるとか、「チームになれた感」を味わえるとかいうことが、共創の結果生み出される独特な価値として、一つの大きなキーワードになると考えています。

では、これらの視点を踏まえつつ、具体的な「共創事例」をみにいきましょう！

第2章

共創価値で「違い」を生み出す会社の実践事例

CASE 2

人気スイーツ店が「がんばらずに5年かけて実現させた」お客さんとの共創プロジェクトとは？

いきなりですが、お題です。

【問】ＣＳＲ活動として「チャリティー企画」を実施する企業はたくさんありますが、活動が長続きするものとそうでないものがあります。

その点、ある人気スイーツ店が「がんばらずに5年かけて実現させた」お客さんとの共創プロジェクトは次のうちのどれでしょう？

（1）アフリカでの学校建設
（2）フェアトレードを推進するＮＰＯへの寄付
（3）カカオ豆からチョコレートをつくる教室の開催

（考えタイム）

ちっ

ちっ

ちっ

ぼーん！

正解は、「(1) アフリカでの学校建設」でした！

これは**「お客さん×お店」**の共創によるプロジェクト事例です。

●ガーナでの学校建設チャリティーオークションで500万円が集まる

2000年から楽天市場でスイーツを取り扱う「横浜チョコレートのバニラビーンズ」では、学校建設プロジェクトというチャリティー企画を2008年から実施しています。カカオの原産国であるガーナに学校を建てるために必要な500万円を集めるプロジェクトです。

2013年10月、5年がかりでついに目標額が集まりました。

5年間のチャリティーオークション落札者は
通算でなんと720名!!
みなさまの温かいご支援に感謝いたします！

資金の集め方は、チャリティーオークション。落札金額の90%を積み立てる形です。5年間でチャリティーオークションに参加してくれたお客さんは、通算720人。ここに生まれるお店とお客さんとガーナのみなさんとの絆、プライスレス。「動的コマース」から生まれた共創プロジェクトの好事例として、詳しく紹介します。

●2坪からスタートしたネットショップが、理念に目覚めるまで

まず、「バニラビーンズ」の企業概要としては、店長である八木克尚《やぎかつひさ》さんが「自分の店を持ちたい」という思いから、2000年に2坪の事務所兼工場でネットショップを立ち上げます。2003年に開発した、チョコレートをクッキーではさんだ「ショーコラ」が主力商品として育っていくことでファンが増え、「楽天市場ショップ・オブ・ザ・イヤー」を3年連続受賞するまでに成長しているお店です。

八木さんに子どもが生まれて「このままでいいのかな」と自らを見直すきっかけができたことで、「チョコレートを食べる幸せ、あげる幸せ、生産者が幸せになれる仕組み」などを考えるうちに、「チョコレートで世界を幸せにする」という理念が生まれました。

ある日、八木さんはテレビでカカオ農園の子どもを取材した番組を見かけます。アフ

リカのカカオ農園では、子どもたちが学校も行けずに低賃金で過酷な労働をさせられていて、教育を受けられないせいで貧しい暮らしから抜け出せない、という内容でした。
もともと「アフリカのために何かできないか」とは思いながらもアクションを起こすまでには至っていなかった八木さんは、そのテレビを見て「自分がショーコラをつくればつくるほど、あの子たちは働かなければならないのか」とショックを受けます。「チョコレートは人を幸せにするものだと思っているのに、その裏側で不幸せになっている人がいる。それに気づいてしまったからには変えないと！」そう強く思い始めます。

CHARITY AUCTION

落札金を、学校建設の資金に積み立てていきます。

アナタの小さな優しさが、大きな幸せに。

ガーナには中学校がなく、その校舎が５００万円で建つことを知った八木さんは、それを目標にチャリティーオークションを始めます。もともと製造過程で大量に出るワケあり品（割れ、欠け品）は自分たちで食べていたのを、オークションに出すことに。「割れ

ボクらが作る、未来の幸せ。

私たちの大好きな甘く美味しいチョコレート。
だけど、原材料を作る西アフリカのカカオ農園の子どもたちはチョコレートの味を知りません。

安い賃金、過酷な労働、学校にも行けず、読み書きができないために、誰もが持っているはずの「人権」すら知らずに働く子どもたち。
そんな子どもが現在、28万人もいると言われています。

何年かかるか分かりませんが、何もしないよりは始めた方が良いに決まっています。さぁ、初めの一歩を踏み出しましょう。

当店の人気スイーツ[ショーコラ]を中心とした訳あり商品をダンボールに詰めました。味・品質に問題がないのに捨てられてしまう運命のスイーツ…

そんなスイーツで、カカオ原産国の子どもたちのために何かできることをしたい…そこで思いついたのが、今回の企画でした。落札者様の大切な入札金を、カカオ原産国の子どもたちのための支援活動として役立てます！

今、皆さんの力が必要です。

ていてもこれだけの価値がある」とお客さん側に決めてもらい、その落札金額の90%を寄付に充てる形にしました。

　さらにこのプロジェクトを加速させるために、２０１３年10月の創立13周年企画として「美味しい笑顔13万回プロジェクト」という、ショーコラ13万個の記念セールを開催。ショーコラ1個につき1円を学校建設プロジェクトへまわすチャリティー企画にしたところ、なんと13万個が３日間で完売しました。

こうして、5年がかりで目標の500万円が集まったのです。

また、学校建設プロジェクトが本格始動するにあたり、正式プロジェクト名を公募する企画も実施。「これからの笑顔～next smile～プロジェクト」に決まりました。

そして2015年5月、遂にガーナに学校が完成。

「バニラビーンズ」が使っているフェアトレードチョコレートのメーカー、バリーカレボー（BARRY CALLEBAUT）社ともコラボすることになり、12万5000ドルが学校建設に充てられました。八木さんが、どこかと一緒にやるなら同じ業界の会社と組んでやることに意味があると考え、カレボー社に声をかけたところ、「B to Bがメインなのでお客さんとつながれる企画は面白い」と快諾してくれたのでした。

ガーナでの盛大なセレモニーに出席した八木さんは、感謝の印としてヤギをプレゼントされました。「ヤギは日本語で自分のことだ」と言うと、みんな爆笑だったといいます。なお、ヤギは丁重に、現地の人に譲ってきたそうです。

●動的コマースとしてのチャリティーを長続きさせるための3つの視点

このプロジェクトを通して、私が大切だと思うのは次の3つです。

（1）長く続けていくために「がんばらなくてもできる」ようにする

目標達成した際に八木さんは、「この企画はEコマースでなければ成功できなかったと思います。お店側の負担も少ないので、今後5年、10年と続けていきます」と言っていました。

実際、この手のチャリティー企画を「単なる寄付」として実施すると、通常の店舗運営とは別に「寄付を呼びかけるアクション」の手間が必要になってきます。さらに、日本ではまだ寄付の文化が根付いているとは言いがたく、逆に心理的なハードルになってしまう場合もあるため、「寄付を呼びかけても集まらない→長続きしない」という展開に陥りやすい面もあります。

「バニラビーンズ」の場合は、「商品を買って（落札して）もらうことによって寄付に回る形」にしたことと、「製造過程で随時出てきてしまうワケあり品のオークション」なので通常の店舗運営の一環として行えること、すなわち、「強みを活かすことでがんばらなくてもできる」ようにしたことがポイントです。オークションは毎週水曜日にスタートする形で、ルーチン化されています。

また、「落札額の90％」というのは、決済手数料等の諸費用を引いても赤字にならない設定という意味合いだと思いますが、これもまた長続きさせやすい工夫といえます。

（2）長く続けていくために「事業と直結している」ようにする

事業と直結していないチャリティー企画は、続けるうちに「そもそもなぜ支援先がこなんだっけ？　見直そうよ」というふうに状況が変わって打ち切りになる場合が往々にしてあります。「バニラビーンズ」の場合は、「チョコレートで世界を幸せにする」ために「原産国から幸せにする」という、事業の理念と直結した大切な企画になっているため、長続きしやすいといえます。

（3）長く続けていくために「自分だけでやらない」ようにする

「バニラビーンズ」では、「学校建設プロジェクト」の名称を公募する企画を実施しています。これで正式名称に選ばれた人は、プロジェクト自体が「自分ごと」になります。さらに、応募して選ばれなかった人にとっても「プロジェクトに一枚噛めた手触り」を感じられる機会になりますし、その企画の経過を見ていただけの人も「みんなの手でプロジェクトがつくられている雰囲気」を味わえます。これが共創のキーワードの「参加価値」です。

このように「プロジェクトの一員になれている感じ」を醸し出せるかどうかは、プロジェクトを長く続けていくうえで「仲間を増やせるかどうか」に大きく影響するものと考えられます。もしこれが、「企画はすべて当店側で進めていますので、あとはお金だけ支援願います」というスタンスであれば、このプロジェクトを自分ごとと感じられるチャンスが少なくなることでしょう。

こうして「がんばらずに長続きさせられるプロジェクト」によって生まれていくお客さんとの関係性自体が、ほかの会社にはマネのできない「選ばれる価値」になっていきます。

このように、Eコマースの事業と直結する形で、しかも理念を体現し、共感してくれる仲間を増やしていくような商売のスタイルが「共創を生む動的コマース」です。この学校建設プロジェクトは、その先進事例の一つなのです。

CASE 3
手元に届かない花火、2000万円分が5日で完売した理由とは？

いきなりですが、お題です。

【問】南三陸町では、震災のあった2011年の夏に花火大会を開催しました。そのプロジェクト資金2000万円を集めるにあたって、効果的だったのは次のうちのどれでしょう？

（1）SNS
（2）楽天市場特集ページでの寄付募集
（3）楽天市場ニュース（メルマガ）での告知

（考えタイム）

ちっ

ちっ

ちっ

ぼーん！

正解は、「（1）ＳＮＳ」でした！

これは**「町民×行政×異業種×お客さん」**による共創プロジェクトです。

●震災後の南三陸で「こども夢花火」をやりたい。しかし必要経費は1500万円

東日本大震災から約3カ月後の2011年6月9日、ネットショップ「南三陸町観光協会公式 みなみな屋」が楽天市場にオープンしました。

ある楽天OBが、南三陸町長に「世間の目がこちらを向いているうちに楽天にサイトを立ち上げて情報発信できる体制をつくっておけば、みんなの興味が薄れたときに必ず復興に役立つ」と進言し、町長が「やってみたい」と即答。

そのOBからの連絡を受け、楽天市場として全面的にバックアップすることが決まり、「南三陸町出店プロジェクト」が立ち上がります。2011年5月中旬のことです。

観光協会が出店主体になることになり、店舗名は「みなみな屋」に決定。「必ず町を復興させるから『みんな、南三陸においで』」という観光協会らしい想いが込められました。

しかし、一つ問題がありました。売れるモノが何もなかったのです。すべてを津波に流され、漁業も再開していない。そんななか、唯一、商品にできそうなものが「花火大会の花火」でした。

南三陸町では毎年花火大会が行われており、町の有志が「こんなときだからこそ、子どもたちに花火を見せてやりたい」と、「こども夢花火」の実現に向けて動き始めていた

のです。

サブタイトルは、「10年先の花を咲かそう」に決まっていました。「子どもたちが10年後に、『あのとき大人がふんばって自分たちに花火を見せてくれたんだな』と気づいてくれたら、きっと地元のためや自分の次の世代のためにがんばる大人になってくれるはず」という想いが込められたものです。

ただ、これまで花火大会を支えていた地元の企業も被害を受けており、資金の目処が立ちません。必要経費は、ざっと見積もって1500〜2000万円。その資金をネットショップで集められないか、というのです。

●「寄付には頼りたくない」。手元に届かない花火玉を売る

しかも、南三陸町のメンバーとしては「寄付は募りたくない」という意向でした。というのも、当時は日本中が「自分にできることはないか」と思い悩みながらも、どうしてよいかわからず、どんよりと沈んだ雰囲気になっていた頃。そこで、「南三陸町にいる私たちが、寄付に頼るのではなく自分の足で前に進んでいる姿を発信することで、全国の人に元気を届けられないか」という意向でした。

しかし、「花火を売る」といっても、買った人の手元に商品が届くわけではありません。通常の物販でもないし、寄付でもない。では、どういう形にするか？

検討の結果、「商品」は「花火大会で打ち上げる花火玉＋記念グッズ」を買ってもらう形になりました。価格帯は、10万円、1万円、3000円の3つに決定。たとえば、10万円を買うと「8号玉以上の花火一発以上を打ち上げ。こども夢花火メッセージ写真集へのお名前掲載（任意）と写真集贈呈など」といった商品内容です。3000円でもポストカードは手元に届きます。

ネットショップオープン当日の6月9日。

15時の販売開始直後に、楽天の三木谷社長が「私も買いました」とツイッターでつぶやいたのをはじめ、サポーターとして出店プロジェクトを応援していた他店の店長たちがメルマガやツイッター、フェイスブックでメッセージを発信。これが後押しとなり、多くの人たちの共感を得て、情報が加速度的に広まっていきました。

その結果、2000万円分の花火が5日間で完売。購入者の合計は1626人にのぼりました。

実は、楽天市場のニュース媒体（メルマガ）で告知するために原稿が準備されていたものの、ソーシャルメディアのパワーによって、メルマガ配信前に完売となったのです。

「みなみな屋」の菅原きえ店長（当時）はこう言います。

「お客さんから、『こういう企画を立ててくれてありがとう』とお礼をいわれるのが本当にびっくりでした。こちらが『ありがとう』という立場なのに。『お手伝いしたいけど行くに行けなかったので』というメッセージがついていることもありました。花火を買ってくれたお客さんは、全国各地、海外在住の方までいらっしゃったのですが、一方で、同じ宮城県内の方も『子どもたちに見せてあげたいよね』って注文してくれました」。

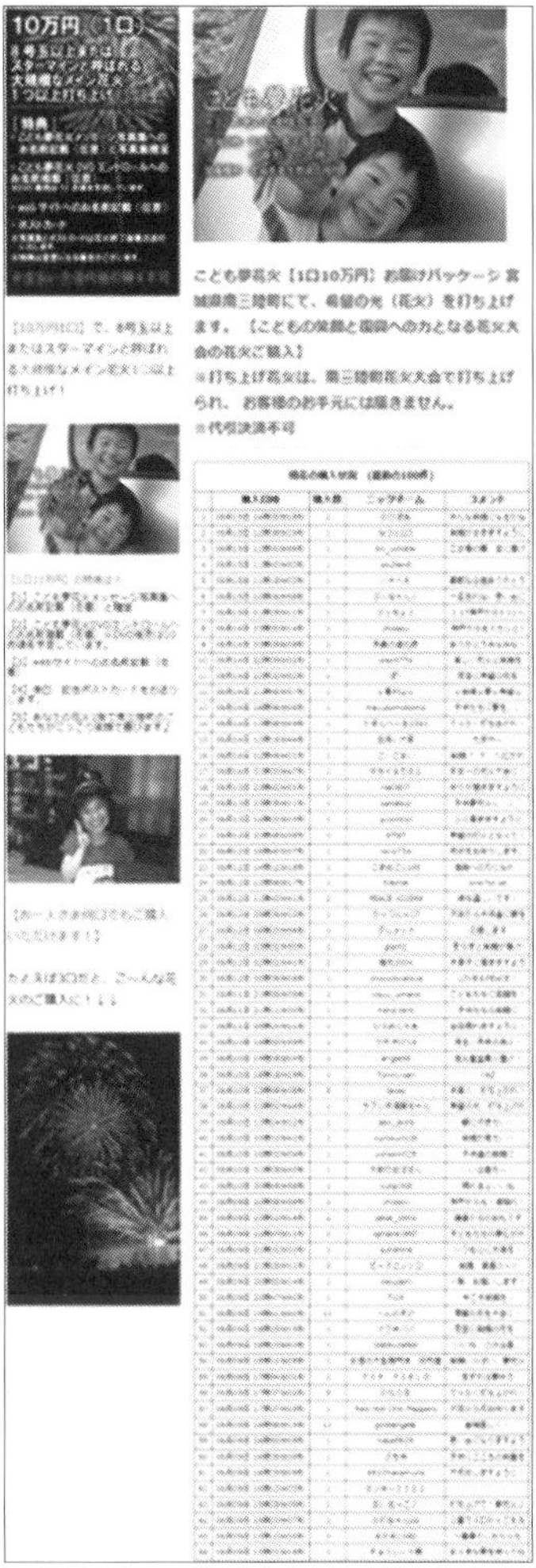

●手元に届かない花火の価値とは何なのか

そして、根本的な問い。

「手元に届かない花火の価値とは何なのか」。

この問いに、ある購入者はこう答えました。

「支援の実感、だと思います。『復興支援のために何かをしたい。でも、何をしてよいかわからない。募金はしたけど、何に使われているのかわからない。もしかしたら、まだ何にも使われていないかもしれず、モヤモヤ……』。そんな気持ちを感じていた私にとって、この花火玉の一つの大きな価値は、『いつ、どこの誰に、どんなふうに支援させてもらえているのか』がハッキリしていることだと思います。というか、支援というよりも『復興活動に参加させてもらえている感じ』といったほうが近いです」。

●「世界をよりよい場所にする」プロジェクト

マーケティングの神様といわれるフィリップ・コトラー氏が、近著で標榜しているのが「マーケティング3・0」というコンセプトです。

製品を販売するのが目的だった時代（マーケティング1・0）、お客さんを満足させ、つなぎとめるのが目的だった時代（マーケティング2・0）を経て、世界をよりよい場所にするのが事業の目的になった（マーケティング3・0）という考え方です。

モノは行き渡り、価格競争・サービス競争が激しくなった結果、世の中は幸せになったかというと……世界的な経済危機や社会問題、環境破壊といった混乱の時代に入りました。そこで人びとは「世界をよりよい場所にしたい」という想いから、社会的意義や精神的に価値のあるモノやコトを求め始めたわけです。

そのような「マーケティング3・0時代」においては、「企業はそのミッションやビジョンや価値をパートナーたち（従業員、取引先など）と共有し、チーム一丸となってその実現をめざすことが求められる」とコトラー氏は言っています。

この要件に照らしてみると、「こども夢花火」のプロジェクトはまさにピッタリあてはまります。

南三陸町メンバーの「10年先の花を咲かそう」というビジョンが、まず楽天関係者を巻き込み、パートナーが増えます。さらに、「復興活動に参加した実感」を欲していた人たちをも巻き込む形で花火玉の購入者が増えていき、各人がSNSなどの自分メディアで発信するなどしながら「チーム一丸となって花火大会の実現をめざした」わけです。

復興支援がテーマの事例だと、「自社への落とし込みのイメージが浮かばない」という人がいるかもしれませんが、このように「共創」の視点で見ていくとヒントがあふれています。この「こども夢花火」プロジェクトは、動的コマースによる共創の先進事例の一つなのです。

※「みなみな屋」は楽天出店から2年後、地元の企業が復興したことで、商品を代行販売する役目を終え、発展的にプロジェクト解消となりました。「こども夢花火」だけは記録として残そうと、観光協会のサイトにアーカイブが掲載されています。

CASE 4

なぜソーシャル時代に「クラウドファンディング」が流行るのか？（基礎編）

●「こんな商品あったらほしい人、この指とまれ！」

あるクリエイターが、新しい商品の企画を考え、試作品までつくったとします。工場で量産してもらおうとしたところ「最小ロットは500個」と言われました。でも、500個を販売できるメドなんて立たない。リスクを負ってまでやるのは難しい。そんな場合は、企画がお蔵入りするのが通常です。

ものづくりだけでなく、イベントでも一緒です。500人集まらないと赤字になってしまう。集められる自信がないので開催をあきらめる……。

そんな人たちにとって心強いのが、最近、注目度が上昇している「クラウドファンディング」です。クラウドファンディングというのは、群衆（=Crowd）の力を借りて資金調達をする（=Funding）こと、すなわち、ネットの力によって大口投資家に頼らない小口での資金調達が可能になった、という意味合いです。

商品をつくる前に「こんな商品あったらほしい人、この指とまれ！」と世に訴え、賛同者から資金（予約注文）が集まれば企画を世に出せる、というサービスです。これが大きな人気を博しているのです。

●米キックスターターの支援総額が年間5・3億ドルまで伸張

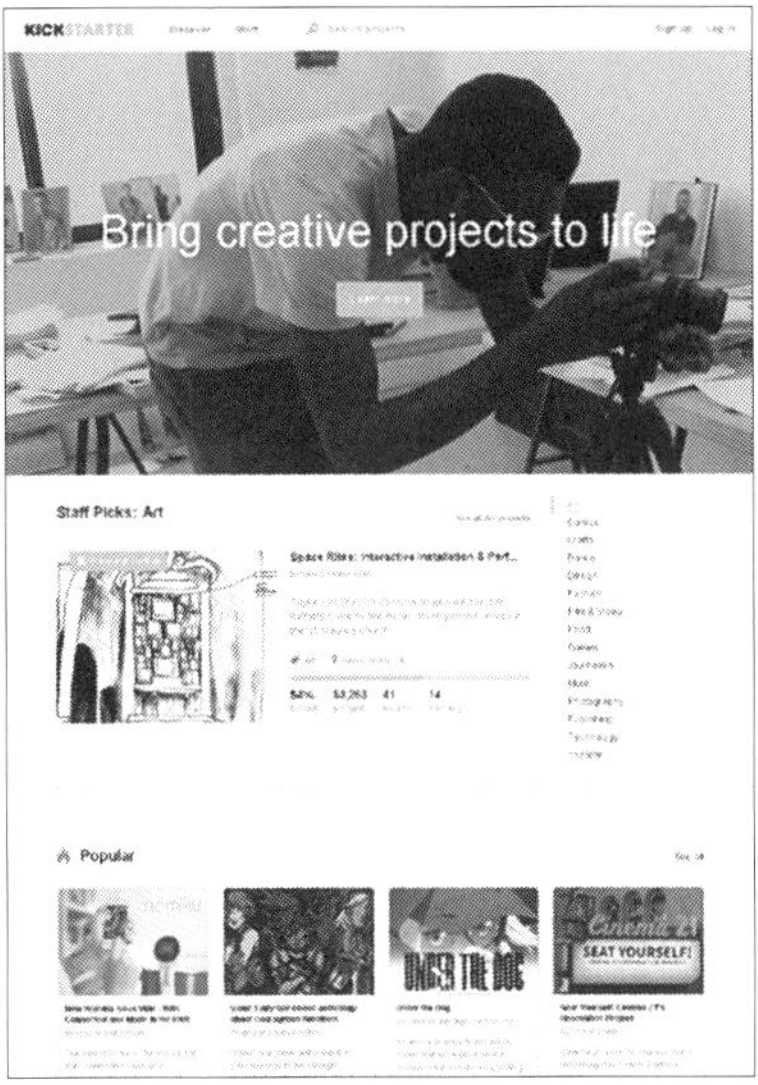

クラウドファンディングサイトの代表格が、米国の「キックスターター（Kickstarter）」。サービス開始は2009年ですが、急激な勢いで成長して、2011年は1年間で1億ドルが集まり、2012年3億ドル、2013年は4・8億ドル、2014年は5・3億ドルまで伸びています。

キックスターターでは、「プロジェクトオーナー」が自分の実現したい「プロジェクト」を出品するという形を採っています。

マーケティング視点におけるキックスターターの特徴の一つは、「オール・オア・ナッシング（All or Nothing）」というルールです。プロジェクトオーナーがあらかじめ定めたゴール（金額目標）を達成できれば、手数料（集まった金額の5％＋決済手数料）を差し引いた全額すべて（オール）を受け取ることができます。逆に達成できなかった場合は、プロジェクト不成立となり1円ももらえません（ナッシング）。これによって、支援者がプロジェクトを成立させるために友達を誘うなど、「クチコミの発生しやすさ」を内包しているのが、SNSの普及とあいまって大きな強みになっています。言い換えると、**プロジェクトオーナーと支援者が「共創」によってプロジェクトを成立させているのです。**

●プロジェクト支援者には、「リワード」を買ってもらう

プロジェクトにお金を出してくれた人（支援者・購入者）には、商品・サービスを提供します。これを「リワード（報酬）」とか「リターン」といいます。典型は、そのプロジェクトで世に出そうとしている新商品をリワードに設定して、「3000円払う（支援する）

と商品1個」のようにするケースです。このように、キックスターターでは、あくまでも「寄付」ではなく「等価交換性」を意識した形になっています。「クラウドファンディング」としてくくられるサービスの中には、寄付や投資をメインにしているものもあるので、「等価交換性」はキックスターターの特徴の一つといえます。これを「購入型クラウドファンディング」と呼ぶこともあります。

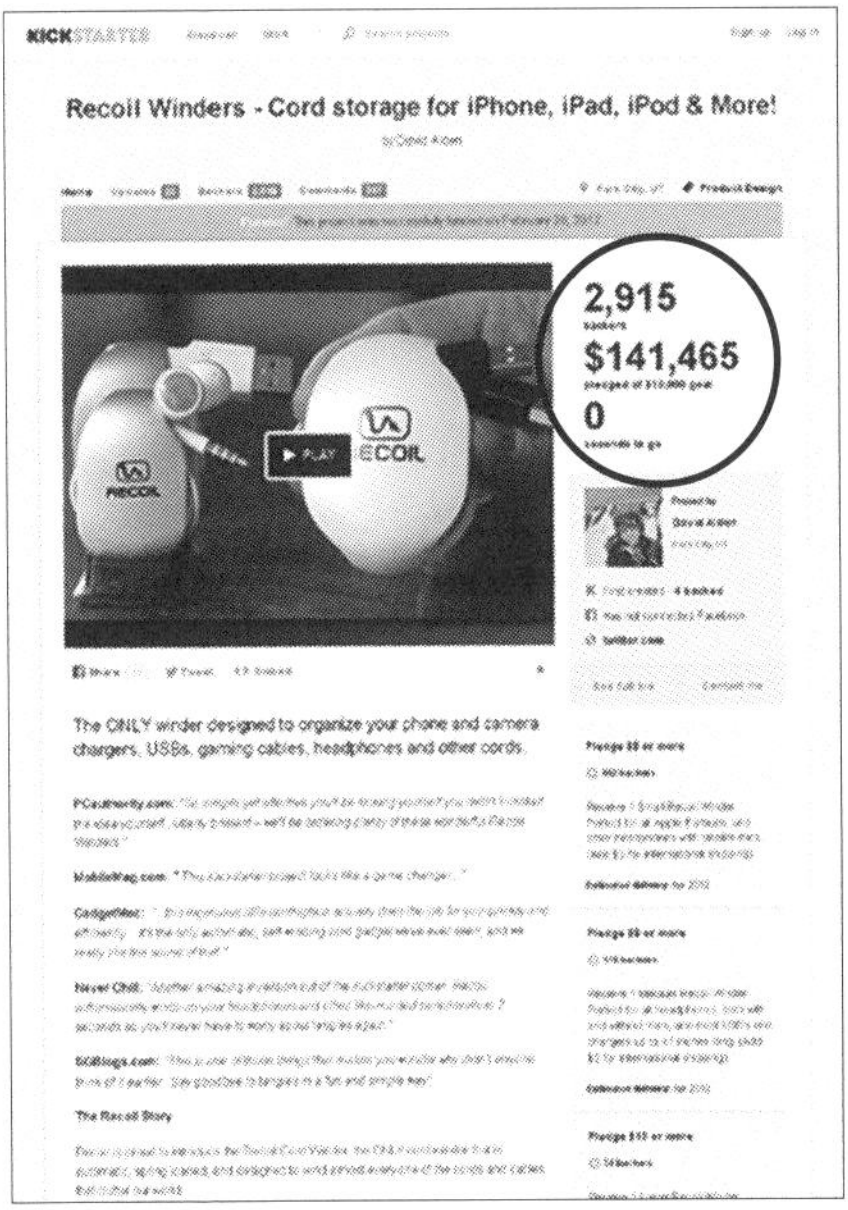

詳しくは、実際のプロジェクトページを見てみるのが一番わかりやすいので、成功したプロジェクトの一例を紹介します。「リコイルワインダー（Recoil Winder）」というケーブル巻き取り器の商品化プロジェクトです。

ページの右上に、数字が3つあります。

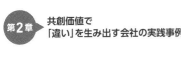

Backers（お金を出した人の数）	２９１５
Pledged of $10,000 goal（目標1万ドル）	＄14万１４６５（実際に集まった額）
Seconds to go（プロジェクト残日数）	０

この「リコイルワインダー」プロジェクトは、1万ドルの当初目標に対して、最終的には14万１４６５ドルも集まり、大成功したということがわかります（残日数がゼロなので募集が終了したプロジェクトです）。

その数字の左には、プロジェクトを紹介する「動画」があります。キックスターターでは、この動画が重要視されていて、多くのプロジェクトページに動画が掲載されています（２０１３年時点で８割ほど）。

また、ページの右側を見ていくと、「Pledge $8 or more」以下、「Pledge $2,500 or more」まで、12種類の金額と説明が並んでいます。これが「リワード（報酬）」です。８ドル出すと、巻き取り器（小）が１つ買える、というような内容になっています。

●プロダクト系ではないプロジェクトの事例

「リコイルワインダー」のような「量産化プロジェクト」の場合は、ロットの壁があったりして「いくら以上」という成立ライン（金額目標）を設定できます。では、ロットがないものはどうしたらよいでしょうか。

こんな事例があります。

プロジェクトオーナーが絵描きさんで、「365日間、毎日一枚ずつ肖像画をスケッチしてブログにアップする」というチャレンジをプロジェクトにしました。

そのイチオシのリワードとして、125ドル支援すると、「365日のなかであなたの顔を描きます」というのがある形です。このように「成立モデル」にするために、プロジェクトの企画を工夫すれば、どんなものでも出品は可能なわけです。

なお、「こども夢花火」のプロジェクト事例をキックスターターの事例と比べると、違いは「オール・オア・ナッシング」の成立目標の設定がなかった点だけと言えます。

従来の物販のように商品を単なる「モノ」として取引するのではなく、プロジェクトに参加してもらうワクワク感を価値として提供しつつ、商品が「共創パートナー」としてのお客さん（支援者）の手に渡っていくスタイル。このような「動的コマース」の形を活用できると、Ｅコマースをはじめとするマーケティングの面白さは格段に増していくのです。

続いて、日本での事例についてみていきましょう。

CASE 5

なぜ試作品だけのカメラバッグ量産化プロジェクトに、655万円もの支援が集まったのか？

【問】ある会社がカメラバッグを試作しましたが、ロット数の壁が高く、量産化のメドが立ちません。そこで、クラウドファンディングサイトで量産化プロジェクトを立ち上げたところ、目標の100万円を大幅に超える655万円が18日間で集まりました。

さて、このプロジェクトについて、「あてはまらないもの」は次のうちどれでしょう？

（1）早期予約者向けの特典を用意したところ、5日目で目標の100万円を突破した
（2）友達を誘ってカメラバッグを予約購入する人が現れた
（3）当時のモノづくり系クラウドファンディングプロジェクトで日本一となった

（考えタイム）

ちっ

ちっ

ちっ

ぼーん！

正解（あてはまらないもの）は、「（1）早期予約者向けの特典を用意したところ、5日目で目標の100万円を突破した」でした。プロジェクトのスタート5日目ではなく、

【初日】に100万円を突破しています！

これは「メーカー×お客さん」による共創事例です。

「ユリシーズ（「ULYSSES」）」という、オリジナルのカメラ用品（ケース、ストラップ等）を企画・販売する会社（フォトライフ・ラボラトリー ユリシーズ、福岡市）があります。ネットショップがメインですが、東京だと「代官山蔦屋書店内　北村写真機店」「東急ハンズ池袋店」などで取り扱われるような人気商品を次々と生み出す、注目の企業です。

●「モノづくり系」プロジェクトで日本一に！

「ユリシーズ」が企画したのは、「カメラ好きの自転車乗り」のための高機能メッセンジャーバッグ「チクリッシモ（CICLISSIMO）」。代表の魚住謙介《うおずみけんすけ》さん自身が「カメラ好きの自転車乗り」であり、「こんなバッグが欲しいのにどこにもないから、自分たちでつくってしまおう」と、まずは試作品まで製作しました。

しかし、このバッグを量産化するためには製造ロットの壁があり、いままで通りの販売方法だと在庫を抱えるリスクが大きかったため、ゴーサインを出せずにいました。

そんなとき、「クラウドファンディング式の予約販売」という販売形態に出合います。

アメリカのクラウドファンディングサイト「キックスターター」を研究するうちに、日本でも同様の機能をもつサイトが複数立ち上がってきたため、それを活用することにしたのです。

１００万円分のサポーター（予約購入者）を募るプロジェクトを２０１３年４月12日にスタートさせたところ、なんとその日のうちに１００万円を突破。募集期間が終了する４月30日までの18日間で、６５５万３０００円が集まりました。

６５０万円超という金額は当時の「モノづくり系」のクラウドファンディングプロジェクトとしては日本一です（２０１３年４月30日時点）。

「チクリッシモ」プロジェクトをもう少し詳しく

みていきましょう。

サポーター（予約購入者）の数は、226人。

バッグの単価は2万7500円。プロジェクト終了後は2万8900円で販売する旨がページに記載されているので、このプロジェクト限りの特別価格という位置づけです。しかも木製リングストラップ（通常価格2250円）がセットになっていて、お得感の演出が工夫されています。

それに加えて、プロモーション視点で見て上手なのが、さらなる「早期優待割引」。先着40個限定で2000円引きの2万5500円にしたことで、スタートダッシュがかかりやすくなっていました。この40個が売れると、それだけで100万円の目標をクリアするわけです。この工夫により、実際、初日に100万円突破を実現したのでした。

コヨーテブラウン＋minimo
¥ 27,500
販売終了
上記20個限定枠が埋まってしまった場合でもご利用頂けるプランもご用意致しております。ユリシーズで累計3万個の販売実績を誇る人気商品である、コンパクトカメラやスマートフォンのための小さな木製リングストラップ「minimo(ミニモ)」をプレゼントいたします。(通常価格29,950円)
(minimoのカラーは弊社でチョイス致しますので、ご了承下さいませ)
現在のサポーター人数
141

さらに、2個セットで予約すると4万9500円（1個あたり2万4750円で最安価格）という特

【開発ヒストリー】

今から九年前、最初に考えたカメラバッグは、メッセンジャーバッグでもなければデジタルカメラのためのものでもありませんでした。お気に入りのフィルムカメラと交換レンズ一本、フィルム数本、それに財布や家の鍵など最低限の日用品を入れて、休日に自転車でポタリングしながら気軽に街のスナップが撮れる、それでいて素材の質感にも気を配ったバッグが欲しいな…と思ったのが事の始まりです。

もっとも当時、自分は単なる一カメラファンであり、まさかそれから五年後に、カメラグッズを開発する仕事を始めることになろうとは、まったく考えてもいませんでしたが。

2004年に書いたラフデザインの画像データと、バッグの製作依頼を断念した経緯は、今もブログに残っています。『なにか別の方法で、このバッグは絶対に実現させます。どうしても外注がダメなら、自分で縫います！』という決意表明が書かれているのが、今となっては感慨深いです。

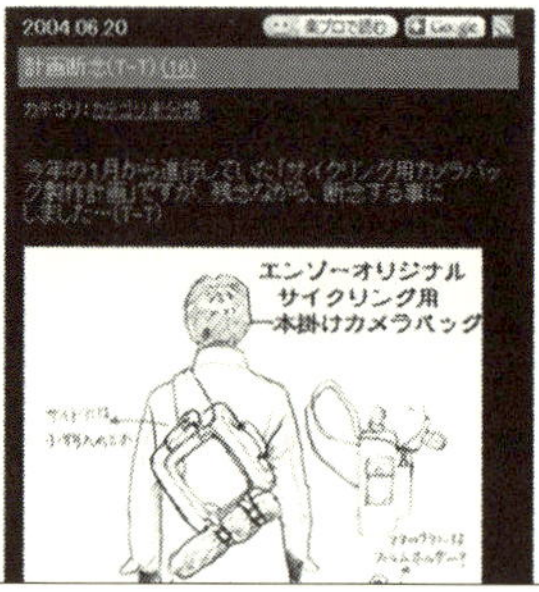

典を用意したことによって、「SNS上で友達を誘って一緒に買う」というサポーターが複数出てきたといいます。

ページのコンテンツも豊富です。ページ上部には3分弱の動画があって、魚住さんが想いを語りつつ、カメラバッグに凝らされた数々の工夫がわかりやすく伝わるような内容になっています。その下には、カメラバッグの詳しい解説が続き、最後には【開発ヒストリー】や【日本製へのこだわりと日本のモノ作りの厳しい現状】が語られています。これを読むと、このカメラバッグを予約購入することによって、「日本のモノづくりを元気にするプロジェクト」に一枚噛むことができているという気分を味わうこともでき、プロジェクトオーナーである魚住さんの理念や熱い想いを共有できている感覚が強まりやすくなっています。

「クラウドファンディング型EC」という動的コマースのコンセプト

このプロジェクトの舞台となったプラットフォーム「きびだんご（kibidango）」にも目を向けてみましょう。

国内のクラウドファンディングサイトとしては、「キャンプファイヤー」や「レディーフォー」などがよく知られていますが、「きびだんご」は2013年3月に立ち上がったサイトです。

ほかのクラウドファンディングサイトと違う特徴が3つほどあって、

①プロジェクトオーナーは事業者
②特典は寄付ではなく等価交換性の高いもの
③プロジェクト終了後も関連商品を購入可能

という点です。

運営会社である「きびだんご株式会社」（東京都目黒区）の代表・松崎《まつざき》良太《りょうた》さんは、楽天で長くM&Aを担当したキャリアの持ち主。そのため、既存のクラウドファンディングに、楽天市場のようなEコマースの要素を掛け合わせた「クラウドファンディング型EC」というコンセプトでサービスを展開しています。

クラウドファンディングが普及するにしたがって、「できるかどうかわからない夢を語ってプロジェクトが成立したものの、遂行できなかった」というトラブルが発生することが考えられます。そのため、「①プロジェクトオーナーはプロの事業者」とすることで安心して支援できるというのがメリットの一つです。

また、国内のクラウドファンディングサイトでは、「購入型」といいつつも、実質、「寄付型」に近いプロジェクトが多く見られます。3000円でお礼状、1万円でTシャツ、3万円でDVD、といったような等価交換性の低いリワードが並んでいるわけです。

あるとき、私の知人に「クラウドファンディングって知ってる?」と聞いたところ、「あぁ、クラウドファンディングね……」と表情を曇らせました。「知り合いが5～6人、プロジェクトを立ち上げたので、付き合いで支援したんだけど……もう当分、クラウドファンディングはいいやと思って」と。

要するに、友達から「プロジェクトが達成するように支援してね」と言われ、なんとなく断りにくい雰囲気もあって寄付に付き合わされたということです。これを私は、「クラウドファンディング疲れ」と呼ぶことにしました。

このような現象も、クラウドファンディングが普及するにつれて増えていくように思われます。この点、「きびだんご」のように、「②特典(リワード)は寄付ではなく等価交換性の高いもの」として商品・サービスを買ってもらう形になっていると、クラウドファンディング疲れを増やさずに済みそうです。特典に並んでいるのが要らない商品・サービスなら「買える商品がないんだよね」と断りやすいからです。

さらに、松崎さんは自身がキックスターターのファンユーザーとして、プロジェクトが終わるともう商品が手に入らないことが多いのがもったいないと感じていました。そこで、「③プロジェクト終了後も関連商品を購入可能」にしました。そうすることで、プロジェクトオーナーが動的コマース（クラウドファンディング）と静的コマース（商品を購入できるページ）を組み合わせた商売のスタイルを実現できるようにしています。

「きびだんご」のような「クラウドファンディング型ＥＣ」は、動的コマースを前面に出した新しいネットショップの形として、典型スタイルの一つとなっていくかもしれません。

ちなみに、ユリシーズではその後、チクリッシモを支援買いしてくれた人を集めて、新商品開発のためのヒアリング会を実施しました。テーマは、「理想のトート型カメラバッグ」。「トートバッグのどこに良さを感じるか」「カメラを入れる際に困ることはなにか」について、アイデアを出し合いました。

全国各地から集まった12名は初対面ですが、「同じカメラバッグの開発プロジェクトに関わったもの同士」であり、「写真好きでユリシーズのファン」という共通点があることから、すぐに打ち解け、盛り上がっていました。中には、あらかじめ何枚もイラストを描いて持参し、みんなの前で「自分の理想のトート型カメラバッグ」について熱く語るユーザーもいたそうです。

プロジェクトへの参加感や手触り感が高まる動的コマースを実践することで、このような新しい「共創」へと展開していく道が開けていくのです。

CASE 6

配送スピード競争に逆行する「遅く届く価値」のつくり方とは？

いきなりですが、お題です。

【問】Ｅコマースを中心に配送スピードが目覚ましく進化していく流れのなか、ある会社が「遅く届く商品」を買ってもらうプロジェクトを立ち上げたところ、２５０万円が集まりました。

さて、このプロジェクトの商品が届くのはいつでしょう？

（１）５日後
（２）５カ月後
（３）５年後

（考えタイム）

ちっ

ちっ

ちっ

ぼーん！

正解は、「(3) 5年後」でした！

これも**「メーカー×お客さん」**の共創プロジェクトです。

あなたがネットショップをやっているとして、何日後に配達できればオッケーと思えるでしょうか？ 1週間後？ 3日後？ 翌日？ 昨今では、「翌日配達」をしてもお客さんが驚かなくなりつつあります。「当日配送」が普通になる日も遠くないかもしれません。では、そこまでのサービスレベル競争が難しい企業はどうしたらよいでしょうか？

そのような流れのなか、まったく逆方向に進むような事例があります。「5年後に届くワイン」が売れたのです。

●新潟のワイナリーが立ち上げたプロジェクト

2013年3月、新潟にあるワイナリー「フェルミエ」が、あるプロジェクトを立ち上げました。ピノ・ノワールという品種のブドウでワイン造りに初チャレンジをするプロジェクトです。

代表の本《ほん》多《だ》孝《たかし》さんは、38歳で銀行マンから脱サラし、家族で新潟へ移住。ブドウ栽培からワイン販売まで一気通貫で手がけるワイナリーを2006年から始めました。

本多さんは、ワイン造りを6年やり、軌道に乗ったことで、満を持してピノ・ノワールへの挑戦を決めます。ピノ・ノワールは、ワインの王様「ロマネ・コンティ」の素材としてワインファンを魅了する品種ですが、気候や地質を選ぶ気難しいブドウなのだそうです。

そこで、「『日本のピノ』と呼ばれるようなワインを造りたい」という夢を掲げてプロジェクトを企画し、クラウドファンディング型ECサイト「きびだんご」上で開催しました。その結果、18日間という短期間で、250万円を超える支援（予約購入など）が集まったのです。

●スピード化の流れとは正反対の「5年後に届くワイン」

「フェルミエ」のプロジェクトをもう少し詳しくみていきましょう。

プロジェクトの内容は、ピノ・ノワールの苗木900本を買うのに必要な90万円を目標額として設定し、「ピノ・ノワール会員」になってくれる人を募るというもの。クラウドファンディングで一般的な「目標額が達成されたら成立、未達成なら不成立」というルール（オール・オア・ナッシング）のもとで開催されました。

「ピノ・ノワール会員」の会費は、2万1000円。会員は、ピノ・ノワールの苗木のオーナーになり、ワインができ上がったら毎年一本ずつ、代金相当で2万1000円を超えるまで送られてくる、という内容です。

また、特典（支援メニュー）として「ピノ・ノワール会員」以外にも、「苗植えイベント参加権＋併設レストラン食事券」も用意しました。サポーター（支援者）とリアルに会えるイベントです。

ただし、特典が「早くて5年後に届くワイン」と「新潟で行われるイベント」だけだと参加のハードルが高いだろうということで、「フェルミエワイン2本セット」と「ぶどうの苗木オーナー会員（すでにあるワイン計6本の頒布会形式）」もラインナップに加えました。これで、「5年は待てない人」や「新潟まで行けない人」にも支援してもらいやすくなったわけです。

その結果、サポーターの数は、107人。うち、「ピノ・ノワール会員」は7割超を占めました。

【特典1】ピノ・ノワール会員［一口21,000円］

今回植樹するピノ・ノワールのぶどうを皆さんと一緒に育て、その成果物であるワインを皆さんに楽しんでいただく今回イチオシの特典です。ピノ・ノワールのワインを毎年1本ずつ、いただいた金額に相当する年数分お届けします。なお、ワインができるのは2018年頃以降の予定です。

（1）ピノ・ノワールの苗木のオーナーに

2013年春にフェルミエの畑に植樹するピノ・ノワールのぶどうの苗木オーナーになっていただきます。さらに毎年、畑での栽培作業の体験や収穫体験（9月～10月）などのイベントもご案内します。実際に畑に入って作業を体験し、自分自身で手がけるぶどうからワインができるプロセスを共有いただき、ともに夢を追いかけていただくことができます。

なぜ「5年後に届くワイン」が売れるのか

利便性をウリにする「自動販売機型」ネットショップというのは、「お客さんの買い物コストの最小化」という価値を提供しています。買い物にかかる経済的コスト（お金）、時間的コスト、肉体的コスト（労力・手間）、頭脳的コスト（考えること）、精神的コスト（不安・不満）をいかに減らせるか、が存在価値というわけです。つまり、商品が安く、送料もかからず、欲しいモノがすぐ検索で出てきて、ワンクリックで注文できて、すぐ届くことが価値になります。

これに比べると、「フェルミエのワイン」は、価格競争力があるわけでもなければ、届くのは5年後、しかも、5年後に必ずワインができるという保証があるわけでもありません。

お客さんにとっては、なんのコストも解消されない商品です。しかし、それを補って余りある「楽しさ」という価値があるから100人を超えるサポーターが集まったわけです。

サポーターがこういったプロジェクトに参加する理由を整理してみましょう。大きく3つのフックがあります。

①プロジェクトへの共感
②プロジェクトオーナーへの共感

③特典への興味関心

「①プロジェクトへの共感」は、プロジェクトそのものを応援したくなる気持ち。「新潟でピノ・ノワールのワイン造りなんて面白い！」と思えることです。

「②プロジェクトオーナーへの共感」は、本多さんの人柄やバックストーリーに共感して応援したくなる気持ち。

「③特典への興味関心」は、単純に商品・サービスとして特典を欲しいと思えることです。

この3つのフックをすべて兼ね備えたプロジェクトは、目標達成して成立する確率が高くなります。

●「便利・安心」とは異なる「楽しさ」の価値とは？

実際に「ピノ・ノワール会員」になったサポーターからは、次のような声が聞かれたといいます。

「今年子どもが生まれたので、5年後にワインが届いたときに、『これはあなたが生まれたときに植えられた苗が育ってできたワインなのよ』という会話ができるのかな、などとイメージを膨らませられるのが幸せ」。

「ワインには詳しくないのですが、ぶどうの苗が育ってワインになるまでのプロセスを『自分ごと』として5年間見続けられることが面白いと思って」。

これらの声をみると、「便利・安心」とは異なる「楽しさ」の価値とは何なのかがよくわかります。まぎれもなく、「共に創る喜び」が価値となっているのです。

また、視点を変えると、プロジェクトオーナーとしては、サポーターに5年間、自分の話を聞いてもらえる関係を手に入れたことになります。忙しさが増す世の中で、**「いかに生活者のアテンションを獲得できるか」**があらゆる企業のマーケターの関心事になっていることを思えば、「5年分のアテンション」の価値は計り知れないものがあるといえるのです。

CASE 7

なぜ岐阜のショッピングセンターで7000個のベーグルがたった3日間で完売したのか？

いきなりですが、お題です。

【問】岐阜のネットショップ（ベーグル店）が、地元のショッピングセンターに3日間ブースを出したところ、ベーグル7000個が完売しました。

さて、このプロジェクトについて、「あてはまるもの」は次のうちどれでしょう？

（1）地元のメディアに広告を出した
（2）地元の高校生に商品企画と販売をしてもらった
（3）ソーシャルメディアを活用したO2O（オーツーオー）施策を行った

（考えタイム）

ちっ

ちっ

ちっ

ぼーん！

正解（あてはまるもの）は、「（2）地元の高校生に商品企画と販売をしてもらった」でした！

これは「**行政×学校×メーカー×IT企業**」による共創プロジェクトです。

●「県庁・高校・楽天出店企業・楽天」の四者による共創

岐阜県の高校生がベーグルの商品企画をして、地元のショッピングセンターのブースで高校生自ら直接販売をしました。その結果、なんと3日間で7000個のベーグルが完売。そのベーグル店が通常、全国をまわって催事をやるときに比べると「数倍の売り上げ」になるそうです。

これは、「楽天IT学校」というプロジェクトのワンシーンです。これについては、「なぜ楽天が高校生と？」「ITなのにリアルのショッピングモールで販売？」「なぜ岐阜県でベーグル？」など、よくわからない点が満載だと思いますので、順を追ってみていきます。

まず、「楽天IT学校」というのは、楽天株式会社が実施しているCSR活動のなかの一つ。商業高校を中心に、楽天スタッフが月1回の出張授業をほぼ1年間にわたって行い、ネットショップ運営を体験してもらうプログラムです。

その際、必ず「地元の楽天出店者の店長さん」がゲストとして参加し、そのお店の商品や販促イベントを生徒たちが企画し、実際にページをつくって販売してみる、ということをやります。その体験を通じて、「ネットショップは自動販売機ではなく、究極の対面販売」といった、楽天らしいEコマースの世界観に触れてもらおうというプロジェクトです。

土岐商生が考えた
おいしい組み合わせ
いちじくベーグル
生クリームとフルーツをはさんでデザート感覚で食べてもおいしいです
スイーツが好きな人にオススメです
全粒粉ベーグル
・トマト・レタス・チーズ・ベーコンハム をサンドしてみました。全粒粉との相性もバッチリ!!
家族みんなでわいわいたのしめます
キャラメルマキアート
おやつにピッタリの組み合わせ考えてみました!
紅茶と甘いキャラメルのハーモニー
チーズスコーン
紅茶とスコーンは相性ピッタリでした!!
ぜひ、ためして下さい!!

通常はこの「楽天・出店者・高校」の三者のコラボなのですが、岐阜県の場合は、そこに岐阜県庁が加わる形になっていました。岐阜県と楽天でEコマース関連事業を一緒にやっていこうという包括提携を結んでいたためです。

その担当部署が県庁の商工労働部というところで、「せっかく高校生が企画したベーグルがあるんだから、ネットだけでなく地元のショッピングセンターでも売りましょう」と話を取り持ってくれたのが、冒頭の「7000個販売の催事」につながったのでした。

●プロジェクトメンバー各自が「強み」を活かす

この事例を表面的にマネして、「高校生が企画した商品を売り出す」ことをやっても、おそらく同じような結果にはなりません。ここで重要なのは、**「ビジョンを共有するメンバーが集まり、そのメンバーがそれぞれの強みを活かして共創価値（やること）をデザインする」**という視点です。

まず、今回のプロジェクトでは、「（ネットショップを通じて）岐阜を元気に！」というビジョンが四者で共有されています。

では、各メンバーはどのように強みを活かしているのでしょうか。

岐阜県に本社のあるベーグルメーカー「エルクアトロギャッツ」の河瀬麻花《かわせあさか》店長が、授業で商品企画のお題を出します。

生徒たちは、いくつかのグループに分かれてアイデアを練り、河瀬店長へプレゼンす

るのですが、

「すでに商品化されている」

「原価がかかり過ぎる」

「製造の手間がかかり過ぎる」

「イースト菌の性質上、不可能」

といった理由でボツにされていきます。そこを乗り越えて企画が通ると、河瀬店長があっという間に試作品をつくってくれます。このスピード感が「エルクアトロギャッツ」の強みの一つです。授業のなかでは、実際の現場を知って企画に活かすために、工場見学も行われます。


高校は、甲子園の常連校としても有名な「県立岐阜商業高校」だったのですが、高校生の強みは「先入観のない発想」です。河瀬店長が「なるほど、この素材の組み合わせはいいかも！」と膝を打つアイデアが出てきます。

その発想のベースとなる「新しいアイデアとは、既存の要素の新しい組み合わせ」と

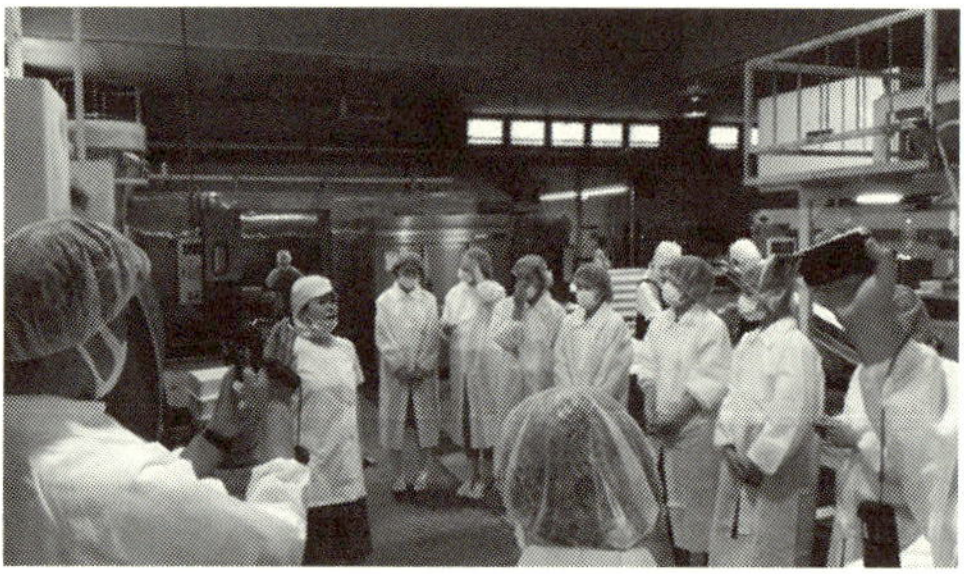

いう発想法の視点や、「よい商品ページをつくるための視点」などは、楽天スタッフが授業の中でシェアをします。

商品が決まり、ページができて販売の準備が整うと、県庁がプレスリリースをします。県庁の発信力は大きな強みであり、地元の新聞やテレビを中心に多くのメディアに記事が載ります。

「エルクアトロギャッツ」のページで、高校生ベーグルの販売が始まると、お店がメルマガで告知します。すでに「お店のファン」や「店長のファン」が集まっているという強みがあるからこそ、高校生は「自分たちの企画したベーグルが売れた！」という成功体験を得ることができます。

そのうち県庁が、地元企業とのネットワークという強みを活かして「ショッピングセンターで高校生がベーグル販売」という企画をとりまとめ、またプレスリリースをします。高校生がブースで、「元気のよさ」という強みを発揮して呼び込みをすると、ふだんならベーグルなど買わないような地元のおじいちゃん、おばあちゃんたちまでが「それなら1000円分ちょうだい」と買っていってくれます。

こうして、メンバーがそれぞれの強みを活かしてプロジェクトを遂行することで、結果を出しつつ、それぞれがハッピーになることができているのが「共創」の重要ポイントです。

高校生は、実際の販売現場を体験することができます。特に、商業高校の場合は、その体験自体を正規の授業として扱うことが可能であり、先生にも生徒にもメリットがあります。

お店としては、話題づくりになりますし、高校生が7000個売ってくれた、ということになってくると利益も出てきます（人件費ゼロなわけです！）。また、仕事を通して地元を元気にするプロジェクトに参加できるというのは、仕事のやりがいを感じられる機会になります。しかもそれが自宅にも届く地元紙などで報じられれば、なおさらです。

県庁にとっては、地元企業が地域（高校・ショッピングセンター）と連携して、地元の活性化につながる活動が生まれることはメリットです。また、地元企業がネットショップで全国各地のお客さんから注文をもらうということは、「県外からの外貨獲得」をしていることになるので、県の経済活性化としても意義のある活動といえます。

ちなみに、2011年度のこのプロジェクトが成功したことにより、翌年度からは「ぎふネットショップハイスクール」という岐阜県庁主催の事業として運営されることになりました。しかも、対象が県立岐阜商業高校1校だけでなく、県内の商業高校5校が集まるという企画に進化しました。その後はさらに参加学校数が増えるという広がりを見せています。

そして、「エルクアトロギャッツ」の河瀬店長は、この事業で出た利益を「ぎふネットショップハイスクール」の運営費用にあててもらうために、県へ寄付するようになりました。

このように、「ビジョンを共有するメンバーが集まってチームをつくり、それぞれが自分の強みを活かす形で魅力的なプロジェクトを実現していく商売のスタイル」によって共創価値が生み出されているのです。

CASE 8

お金をかけずにマイナーな郷土料理を広めた、ソーシャルな方法とは？

いきなりですが、お題です。

【問】「マイナーな郷土料理」を、ほとんどお金をかけることなくPRすることに成功し、テレビをはじめ多くのメディアに取り上げられているプロジェクトがあります。

さて、このプロジェクトについて、「あてはまらないもの」は次のうちどれでしょう？

（1）プロジェクトメンバーに「大統領」や「国務長官」がいる
（2）毎月1回以上、B級グルメのPRイベントに出店している
（3）自分たちで食べて楽しむのが活動のメインとなっている

（考えタイム）

ちっ

ちっ

ちっ

ぼーん！

正解（あてはまらないもの）は、「（2）毎月1回以上、B級グルメのPRイベントに出店している」でした！

これは**「異業種（市民有志）」**による共創プロジェクトです。

●「鶏ちゃん愛好家」が強みを持ち寄ってプロジェクトを推進

「鶏《けい》ちゃん合衆国」という〝国〟があります。

これは、「鶏ちゃん」という岐阜県の郷土料理を盛り上げるために愛好家が集まって立ち上げた団体です。

2012年7月に「建国」されたプロジェクトですが、どんどん仲間が増えていって、鶏ちゃんを扱う飲食店からは「注文が増えた」という声も出てきています。

興味深いのは、プロジェクトに携わっている人みんなが「自分の強み」を持ち寄り、楽しそうに活動をしている点。一体どんなふうにプロジェクトが進められているのか、具体的に見ていきましょう。

岐阜県庁の職員の都竹淳也《つづくじゅんや》さんは、「鶏ちゃん」はおいしいのに、それぞれの地域が発祥地を名乗るなどバラバラで、一体となってPRをするような連携がなく、マイナーな郷土料理のままでいることをもったいないと思っていました。

あるとき、「バラバラな地域やお店を一つにしようとするのではなくて、個性を活かしたまま緩やかにつながればいいんだ」と気がつきました。その連想で、「鶏ちゃんは店ごと、地域ごとに味が違っていて、独立国が集まっているようなものだから【合衆国】だな」と思いつきます。

「鶏ちゃんメーカー、鶏ちゃんを提供する飲食店を『州』にしよう！

じゃあ、その社長とか店長は、『州知事』だな。

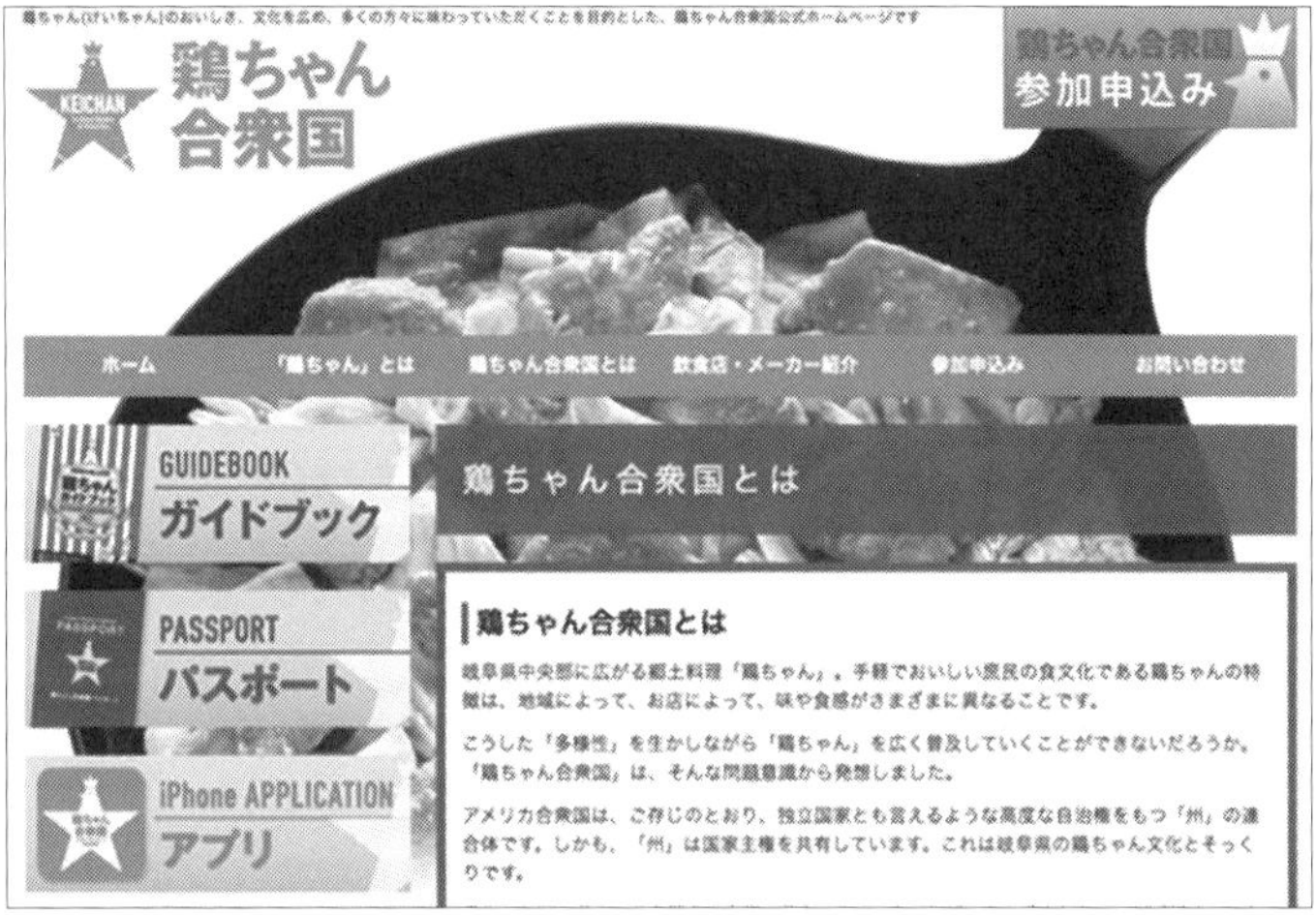

『国民』は鶏ちゃんを愛する人すべてで、みんなで集まって鶏ちゃんを食べる交流会を『議会』にしよう」

そんなアイデアを考えたものの、一人では何もできず、都竹さんは悶々とした日々を過ごしていました。

その後、ある会合で鶏ちゃん屋さんへ行きました。そのお店のオーナーは酒井稔《さかいみのる》さんといって、本業は建築家なのですが、まちづくりに長年取り組み、趣味の副業で鶏ちゃん屋さんをやっている人。

その酒井さんから長尾伴文《ながおともふみ》さんを紹介されます。長尾さんは、鶏ちゃんを地道に広める活動をしている人で、都竹さんの「鶏ちゃん合衆国構想」を聞いて「面白い！」と盛り上がりました。

長尾さんが仲間に声をかけ、10人ほどが集まって飲み会を繰り返し、ブレストをしました。「バカバカしいことを大真面目にやりましょう」ということで、ダジャレスイッチが入り、次々とアイデアが出てきました。

「酒井さんのお店は壁が白く塗ってあるから『ホワイトハウス』にして事務所にしよう」

「合衆国だから『憲法』とか必要じゃない？　都竹さん、どう？」

「やりますよ！　公務員の得意分野です（笑）」

「じゃあ、ぼくデザイナーなんで『国旗』つくります」

「国旗は『鶏条旗』にしよう（笑）」

「『国歌』は知り合いのフォークグループに頼もう」

「私、印刷屋なので、のぼりの印刷は任せてください」

「事務局は『政府』だとすると『大統領』は長尾さんですね」

「じゃあ、事務方の都竹さんは『国務長官』。酒井さんは人をつなぐプロだから『交流長官』ね」

「鶏ちゃんのお店の調査をやると楽しいよね」

「じゃあ、それを『鶏ＣＩＡ』ということにしようよ。油屋のＹさん、お店たくさん知ってるから長官やってよ」

「国立大学もいるよね」

「『羽ー鶏』って書いて『ハーバード』にしよう！」


こんなふうに、夢中な大人が楽しそうにアイデアを出し合い、自分の強みを持ち寄って、できることを企画していきました。

国旗

国歌

「たくさん仲間を誘おうよ」ということになり、「個々に営業しても、うさんくさく思われるから『建国準備委員会』をやって記事を書いてもらいましょう」と、県庁の仕事で地元メディアとつながりのある都竹さんが提案。

新聞記事が出たことでメンバーが一気に増え、2012年7月についに「建国」が実現しました。

ほかにも、広告代理店の人がパンフレットの編集や広告集めをし、ラーメン屋さんは仲間に声をかけて鶏ちゃんラーメンフェアを開催、フリーライターさんはあちこちで原稿を書き、フリーアナウンサーさんは自分の番組でPRと、それぞれが得意分野で活動しています。

しかも、実際の活動は単なる趣味の範囲を大きく超えています。

都竹さんが県庁の同僚のつてで声をかけ、ファミリーマート、サークルKサンクス、ローソンとのコラボ企画で、鶏ちゃん弁当や鶏ちゃん焼きそばなどの商品が開発され、初年度だけで8万食を販売しています。

また、「羽ー鶏大学《はーばーど》」の「文化学部」のプログラムとして開催された「鶏ちゃんツアー」にはこれまでに160名以上が参加。そのために東京から岐阜まで来た人もいます。大型バスや列車で鶏ちゃん文化のある下呂温泉や郡上《ぐじょう》をめぐり、鶏ちゃんの食べ歩きや買い物をし、お風呂も堪能しました。

ちなみに、このツアーに参加すると「鶏ちゃん学士」の学位をもらうことができ、ツアー2回目で「鶏ちゃん修士」、3回目で「鶏ちゃん博士」が授与されます。2~3歳の子どもにもきちんと名前や通し番号の入った卒業証書を出すようにしたところ大好評で、どんな人でも必ず喜んで笑顔になるといいます。

羽ー鶏大学　校章

●持続可能な運営をするため、イベント中心にはしない

「鶏ちゃん合衆国」では、ＰＲのためのイベントにはあまり出店しません。理由は、「イベント出店中心だとみんな疲れちゃいます。しかもだいたい赤字なので長続きしなくなる」（都竹さん）から。

「自然体で楽しくやれば長続きするので、鶏ちゃん合衆国の活動は〝自分たちが食べて楽しむこと（＝議会）〟を中心にしています。『みんなでおいしい鶏ちゃんを食べる会があるから来ない？』と誘うと、来てもらいやすいし、いろいろな人に知り合えるから楽しいと、どんどん仲間が増えています」（同）。

では、「自然体で楽しくやる」にはどうしたらよいでしょう。

その答えこそが、**「自分の強みを発揮すること」**です。

強みというのは、「自分にとってはたいしてコストを感じ

コンビニエンスストアとのコラボ商品

ずにできること」であり、「他人がやるより自分がやったほうが大きな価値を生み出せること」です。

自分にとっては簡単なので無理をする（がんばる）必要がなく、むしろ遊んでいるような気分でやれるし、大きな価値を生み出せるのでまわりから「ありがとう！」と感謝されやすくなります。なので、楽しいし、長続きするわけです。

たとえば、岐阜放送とのコラボ商品。パッケージデザインはデザイナーがやり、試食会をやって投票で味を決め、合衆国のみそメーカーがタレをつくり、鶏ちゃんメーカーがパック生産と営業を行い、ＰＲは岐阜放送がやる、という「強みを持ち寄る」形でできあがりました。

２０１４年９月に開催されたツアーは、地元の情報誌とのコラボでした。ツアーの企画・ルートづくり、訪問先の調整はメンバーのつながりを活かして合衆国が行い、ＰＲと集客は情報誌が行うことで、「ツアーの企画はできるが広報力に欠ける合衆国」と「広報力はあるがツアー企画力に乏しい情報誌」が、お互いの凸と凹を組み合わせる形で実現させたといいます。

「強みを持ち寄って活かす」というよりは、もはや各メンバーが「強みしか活かさない」というのが理想的な「共創チーム」なのです。

CASE 9

「一気に距離が縮まるお客さん参加型企画」と「そうでない参加型企画」の違いとは？

いきなりですが、お題です。

【問】ソーシャルメディアの普及に伴って、「お客さんに参加してもらうことが大事」というノウハウがよく聞かれるようになっています。ただ、なんでも参加してもらえばいいというわけでもありません。

あるネットショップでは、参加したお客さんが一気にお店のファンになる（またはファン度が増す）ような企画があります。

さて、この企画について、「あてはまらないもの」は次のうちどれでしょう？

（1）参加した人は豪華な景品がもらえる企画になっている

（2）リアルイベントと組み合わせた企画になっている

（3）お店の企業理念が体験できる企画になっている

（考えタイム）

ちっ

ちっ

ちっ

ぼーん！

正解（あてはまらないもの）は、「（1）参加した人は豪華な景品がもらえる企画になっている」でした！

これは**「お店×お客さん」**による共創プロジェクトです。

●「メッセージつき」のお客さん参加型企画で、一気に距離が縮まる

お客さん参加型企画には2種類あります。「単なる参加型企画」と「メッセージつきの参加型企画」です。

前者の典型としては、単なるプレゼント企画や「レビューを書いたら送料無料キャンペーン」などが思い浮かびます。では、「メッセージつきの参加型企画」とは、どんなものでしょうか？

サッカーで優れたゲームメーカー（司令塔）を評する表現の一つに、「あの選手はメッセージつきのパスを出す」というものがあります。パスの受け手に対して、「ここでシュートしろ！」のように「次はこういうプレーをしてね」という意図が伝わるようなパスの送り方をするわけです。

これは、企業活動にもあてはまりそうです。「メッセージつき」の企画によって、自社

の提供する価値を受け取ってもらいやすくしたり、想いや強みが自然と伝わるようにすることができるようになります。

●スタジアムの来場者からモデルを募集

楽天市場でレディースファッションを扱う「イーザッカマニアストアーズ」（有限会社ズーティー）が行っている「1DAYモデルセレクト！」という企画があります。Jリーグ「ヴィッセル神戸」のスポンサーである同店が、「イーザッカマニアストアーズDAY」という冠イベントで行った一連の企画の一つです。

「1DAYモデルセレクト！」の内容は、一日体験モデル。スタジアムのブースに

て来場者からモデルを募集し、抽選で当たった人に「オシャレの楽しさ・撮影のお仕事を体験していただく」という参加型企画です。
多くの応募の中から選ばれた4名の女の子たちが、後日、同店へ赴き、撮影を行いました。ネットショップにアップされたレポートを見ると、写真のような変身っぷりです。

Before

After

●重要な「ショップからのメッセージ」

着用している商品紹介には、商品ページへのリンクが張られています。重要なのは、この企画ページの最下部に添えられている、ショップからのメッセージです。

今回は4名3組の可愛いオンナノコたちにモデル体験してもらいました。
普段とは違うメイクや髪型、普段とは違うコーディネート、いつもとは違う自分に変身して、何とも言えない「ドキドキ感」を味わえたでしょうか？
「テンション高め」になれたでしょうか？
メイクするということ、髪型をセットするということ、今日着ていく洋服を決めるということ
この毎日当たり前のようにやっている何気ないことがいかに楽しいことか！
今回も改めて考えさせられたのでした◎
そんなおしゃれを楽しむオンナノコの毎日に、そっと（時にはガッツリ）寄り添うイーザッカマニアストアーズでありたいと思っています。

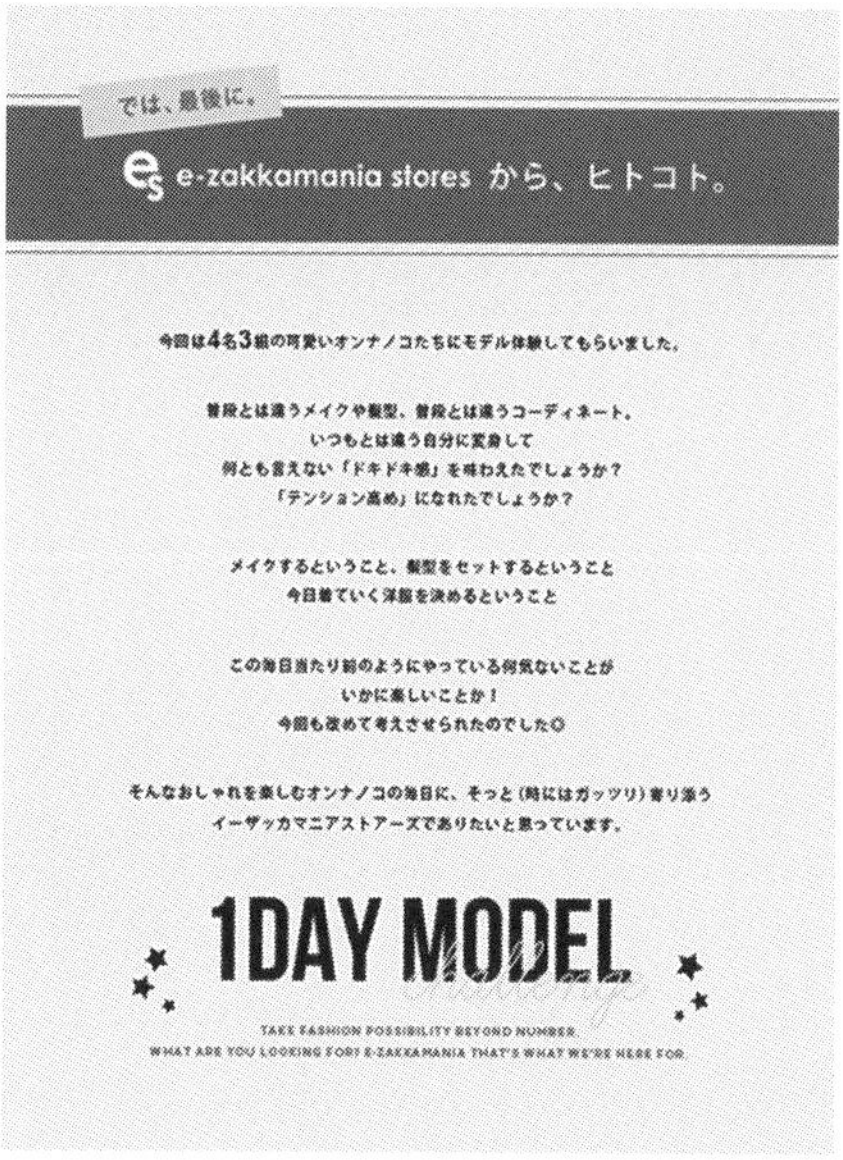
では、最後に。
e-zakkamania stores から、ヒトコト。
今回は4名3組の可愛いオンナノコたちにモデル体験してもらいました。
普段とは違うメイクや髪型、普段とは違うコーディネート。
いつもとは違う自分に変身して
何とも言えない「ドキドキ感」を味わえたでしょうか？
「テンション高め」になれたでしょうか？
メイクするということ、髪型をセットするということ
今日着ていく洋服を決めるということ
この毎日当たり前のようにやっている何気ないことが
いかに楽しいことか！
今回も改めて考えさせられたのでした◎
そんなおしゃれを楽しむオンナノコの毎日に、そっと（時にはガッツリ）寄り添う
イーザッカマニアストアーズでありたいと思っています。
1DAY MODEL
TAKE FASHION POSSIBILITY BEYOND NUMBER.
WHAT ARE YOU LOOKING FOR? E-ZAKKAMANIA THAT'S WHAT WE'RE HERE FOR.

ここで注目してほしいのが「『テンション高め』になれたでしょうか？」の部分。というのも、同店の理念が「テンション高めの女子をつくる」だからです。

メッセージつきの企画のなかでも、そのメッセージ内容が「理念」と一致している場合は、お客さんとの関係性を構築する上で、最も効果的に機能するパターンの一つ。理念を「体現」した企画に参加したお客さんは、お店のメッセージを「体験」し、それが「自分ごと化」するので、一気にお店との心理的な距離感が縮まるからです。

さらに、その企画をウェブにアップすることで、多くの人にわかりやすい「理念コンテンツ」ができあがっています。

●制約はアイデアの素。ならば理念を制約にしてみる

よいアイデアは、無条件の場合よりも、制約があったほうが出てきやすいといわれます。ということは、企画アイデアを考えるときに「理念」を「制約」として位置づけてみるのはどうでしょう。

つまり、「理念が伝わる企画でなければならない」というのを思考ゲームのルール（制約）にするからこそ、「理念メッセージつきの企画アイデア」が生まれやすくなるわけです。

これ、当たり前のことをいっているだけなのですが、意外と新鮮に聞こえる気もします。おそらくその理由は、よくありがちな「お飾りの理念」だと思考ゲームのルール（制約）として使われにくいからではないでしょうか。だから、あまり「理念メッセージつきの企画」というのにお目にかかる機会がないのです。

では、どうしたら「お飾り」ではなく「使える理念」がつくれるのか。その点、イーザッカマニアストアーズの理念ができ上がるプロセスが興味深いです。

同店では、創業14年目にして、ようやく理念を決めました。

創業経営者である浅野かおり店長が、最初に「こんなことかな」と思って出てきたの

が「テンション高めの女子をつくる」というフレーズ。

しかし、「経営理念に『テンション』っておかしくない?」という話になって、それを経営理念らしくしようと難しい言葉でいろいろ言い換えてみました。その結果、社歴の長い社員たちが「これがしっくりくる」と選んだのが、最初に出た「テンション高めの女子をつくる」でした。

自分たちがしっくりくる表現というのは、「使える理念」だということ。実際に、同店では掲載する着用写真を選ぶ時にも、「テンション高めになるか?」が大切な判断基準になっているといいます。

こうして、「単なる参加型企画」ではない「理念メッセージつきの参加型プロジェクト」によって、お客さんと一体になることができるのです。

CASE 10

「ソーシャル時代は共感のマーケティング」という考え方の落とし穴とは？

いきなりですが、お題です。

【問】「ネコの映画祭を岐阜で開催するネコ祭りプロジェクト」で、クラウドファンディングの目標額100万円のところ238万円が集まりました。

この企画について、「あてはまるもの」は次のうちどれでしょう？

（1）30万円を寄付してくれる人が現れたことで、弾みがついた
（2）ネコに興味のない人にも買ってもらえる商品をつくった
（3）たった1人のペルソナ（対象となるお客さん像）を想定した

（考えタイム）

ちっ

ちっ

ちっ

ぼーん！

正解（あてはまるもの）は、「（2）ネコに興味のない人にも買ってもらえる商品をつくった」でした！

これは、**「お店×お客さん」**による共創事例です。

この「ネコ祭り」プロジェクトは、2022年2月22日（にゃんにゃんにゃんにゃん にゃん にゃんにゃん の日）までにネコの殺処分ゼロを目指している保護猫カフェ「ネコリパブリック」の河瀬麻花さんが、クラウドファンディング型ECサイト「きびだんご」にて立ち上げたもの。アメリカで1万人以上を集めた伝説のネコ映画祭「インターネット・キャット・ビデオ・フェスティバル」を日本で初めて開催するための資金を集めるプロジェクトです。

なお、河瀬さんは、前出の「高校生によるベーグル開発プロジェクト」の「エルクアトロギャッツ」店長と同一人物です。

目標額100万円のところ、集まった金額238万6000円、サポーター（特典購入者）254人で、プロジェクトが成立しています。

●特典（リワード）を買ってくれるお客さんの顔が浮かぶか

このプロジェクトが成功した要因の一つに、サポーターに支援買いしてもらうための「特典」設定の巧みさがあります。

まず、お客さん（サポーター）の顔がちゃんと見えていること。10種類の特典を設定するときに、その一つひとつに対して、買ってくれる人の顔が浮かんでいたのです。最も高額な特典は30万円でしたが、これは悪ふざけでつくったわけではなく、プロジェクトオーナーである河瀬さんの頭の中に「あの人なら買ってくれる」という具体的な人の顔が浮かんでいたといいます。

30万円の特典は1件売れたのですが、実際に買ってくれたのは、プロジェクトに共感した「まったく見知らぬ人」でした。

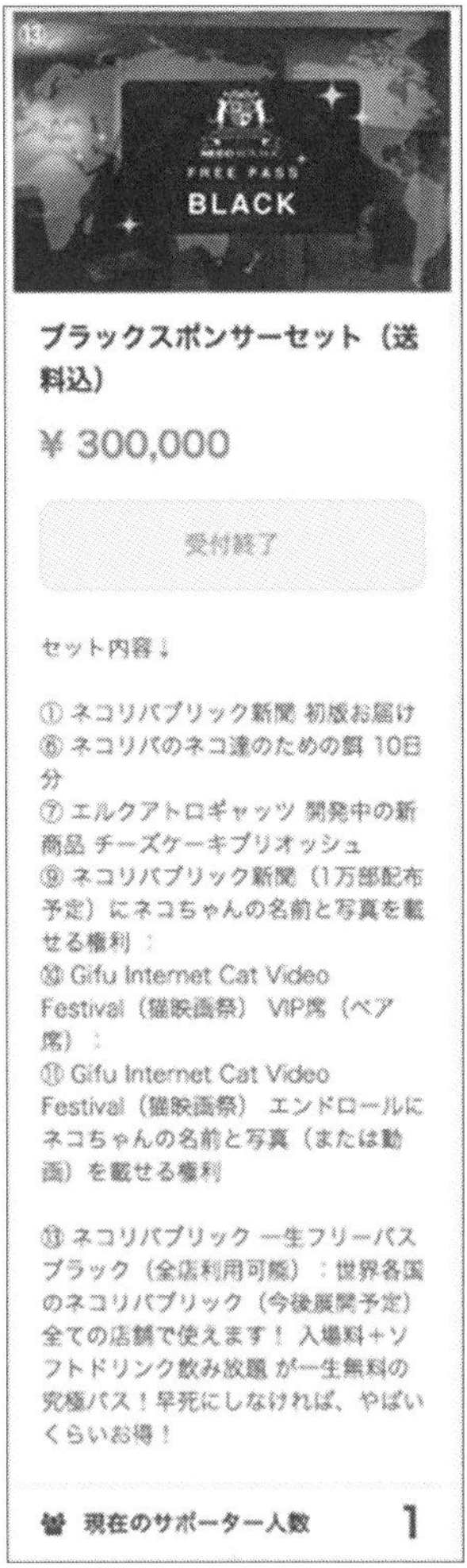
FREE PASS
BLACK
ブラックスポンサーセット（送料込）
¥ 300,000
セット内容↓
① ネコリパブリック新聞 初版お届け
⑥ ネコリパのネコ達のための餌 10日分
⑦ エルクアトロギャッツ 開発中の新商品 チーズケーキブリオッシュ
⑨ ネコリパブリック新聞（1万部配布予定）にネコちゃんの名前と写真を載せる権利：
⑩ Gifu Internet Cat Video Festival（猫映画祭） VIP席（ペア席）：
⑪ Gifu Internet Cat Video Festival（猫映画祭） エンドロールにネコちゃんの名前と写真（または動画）を載せる権利
⑬ ネコリパブリック 一生フリーパスブラック（全店利用可能）：世界各国のネコリパブリック（今後展開予定）全ての店舗で使えます！ 入場料＋ソフトドリンク飲み放題 が一生無料の究極パス！早死にしなければ、やばいくらいお得！
現在のサポーター人数 1

●「ネコ好きではないがプロジェクトオーナーを応援したい人」向けの特典をつくる

特典について二つめに注目なのは、「ネコ好きではない人」でも買えるものが提供されている点です。

前述の通り、プロジェクトを支援してくれる人には、3タイプあります。

①プロジェクトに共感している人

②プロジェクトオーナーに共感している人

③特典が欲しい人

です。

河瀬さんのまわりには、②の「ネコ好きではないけれど河瀬さんを応援したい人」が多くいたので、その人たちが買えるものを用意しました。言い換えると、「応援したいのに買えるものがない」というのは一番もったいないわけです。

●何に対する共感があり得るか

「ソーシャル時代は共感のマーケティング」などというキーワードがよく聞かれますが、「何に対する共感があり得るか」という視点を持っていないと落とし穴にハマる可能性があります。支援者は「プロジェクトへの共感者」だけではないのです。

クラウドファンディングのプロジェクトの場合は、特にスタートダッシュのときに、「応援してね」と頼めば「いいよ」と言ってくれる距離感の人たちが買いやすいものをつくることが大事です。

最初に出てきた特典Tシャツのイラストは、「不幸な猫たちとか言ってんじゃねーよ自分の心配しろよ」という、ネコの殺処分問題に関するメッセージ性が強い「辛口」のものでした。これは、①の「プロジェクトに共感している人」向けといえます。

そこで、ネコにそれほど思い入れがない人にとってハードルが高すぎないようにするため、「甘口」バージョンを追加することにしました。

なお、「偽善者」と書いてあるのはどういうことかというと、河瀬さんはこう言います。

「ネコの殺処分をなくしたい、というと偽善者と言われることがあります。でも、やらない善より、やる偽善のほうがよほどネコのためになる。私の友人、『邪悪なハンコ屋しにものぐるい』さんが描いてくれるこのイラストなら、そういうメッセージを重くなり過ぎずに表現できると思ったので、あえて『偽善者・やらない善よりやる偽善』というメッセージにしました」。

結果として、「甘口」のTシャツのほうがたくさん買われました。「甘口」が45枚、「辛口」は21枚。「プロジェクトそのものに強く共感しているわけではない人」を想定したことが奏功したわけです。

また、応援してくれる人のなかには、「手元に残るモノはいらないんだよね」という人もいるはず。そこで、特典のなかに、「保護猫カフェのネコたちのための餌10日分を代理購入する ＋ チーズケーキ」というのを加えました。チーズケーキは、河瀬さんが営む別事業（エルクアトロギャッツ）で扱っている商品です。49人が支援買い。

さらに、よりダイレクトに殺処分問題に対して支援できるよう、ネコの保護費用（ワクチン等）に充てるという特典（ネコリパ応援セット、3万円）もつくりました。15人が支

援買い。単なる「寄付型」よりも、プロジェクトへ具体的に貢献できているという「参加感・手触り感」があるのが価値となっています。

結果として、254人のサポーターのうち、約6割が河瀬さんとは「面識のない人」だったといいます。最初の100人くらいまでは知り合いの割合が高かったのですが、目標額の100万円を突破して以降は特に、知らない人からの支援買いが増えました。

こうして、**対象となるお客さん像を複数想定し、「いかに参加してもらいやすい特典を設定できるか（商品を企画できるか）」がプロジェクトの広がりを左右するのです。**

CASE 11

売れてもマネされにくい商品のつくり方とは？

いきなりですが、お題です。

【問】ネットにより情報伝達のスピードが速くなった結果、「人気商品がすぐ模倣されて価格競争に陥ってしまう」という問題も深刻化してきています。そんななか、あるナッツ・ドライフルーツ店が競争を避けるために行っている商品企画・販売の施策について、「あてはまらないもの」は次のうちどれでしょう？

（1）商品ページでお店独自のストーリーを語った
（2）常連100名に詳細なアンケートをとって商品を開発した
（3）用途を絞り込んだ「◯◯専用」の商品を開発した

（考えタイム）

ちっ

ちっ

ちっ

ぼーん！

正解（あてはまらないもの）は、「（2）常連100名に詳細なアンケートをとって商品を開発した」でした！

これは**「お客さん×お店」**の共創事例です。

●「たった一人のための商品」を開発

以前、台湾の楽天市場で「ショップ・オブ・ザ・イヤー」を受賞したお店の経営者・店長さんたちが日本へ研修旅行に来ました。

台湾でもやはり「いかに価格競争から抜け出せるか」が大きな問題意識なのだそうです。日本と同じく、仕入れた商品を販売している場合は特に、価格競争に陥りやすいと。

その際、日本の楽天出店者さん3名をゲストに迎えて座談会をやったのですが、3名とも口をそろえて「自分のところで企画・製造した独自の商品やブランド価値をつくることが大事」と話していました。

特に日本人は「ランキング好き」のため、ランキング上位になった商品は飛ぶように売れる傾向が強くあります。しかし、売れているのを見たほかの事業者が、すぐに同種同類のものを仕入れてきて安く販売し始めたり、模倣品をつくって追随することは日常

茶飯事です。そのため、価格競争が激化しやすい状況になってしまいます。

ちなみに、台湾ではランキングはそれほど影響力がないようで、その理由は、「ランキングはお金で買えるものだという認識があるので、みんな信用していないから」だそうです。

というわけで、この事例では、模倣されたらどうしたらよいのか、**「模倣を超える価値創造と価値伝達」**という視点で考えてみたいと思います。

楽天市場でナッツやドライフルーツを販売している「上野アメ横・小島屋」というお店があります。仕入れた商品を自社で小分けし、袋詰めして販売するスタイルなので、基本的には「同種同類の商品」がほかでも売られている状況です。

そのお店が2013年に発売したのが「ヨーグルト専用ドライフルーツミックス」。

店長の小島靖久《こじまやすひさ》さんの友人が、「ヨーグルトにドライフルーツを入れて食べたいんだけど、レーズンが入っているのはイヤだ」と言うのに専門店としての血が騒ぎ、特別につくったものです。

もともと小島屋で扱っているドライフルーツは、ケーキ用も兼ねていて一つひとつのかけらのサイズが大きいため、その友人から、「それじゃ大きすぎる。混ざりにくい。なんとかして」というリクエストも。
「はい、がんばります」と言ってから苦節一年で、ようやく商品化に至りました。
最初は「小さいカットのものがどこかにないか」と探してみましたが、見つからず。「つくるしかない」と覚悟を決めるのにも時間がかかりました。理由は、「たった一人のためにしては面倒くさかった（笑）」から。

レーズンを抜いて、ヨーグルトに合うものを探して、組み合わせを決めるために、一週間ヨーグルトを食べ続けました。イチゴ、パイン、マンゴーだけだったらどうだろうとか、ココナッツを加えたら……とかいうのを延々とやっているうちに試作が３００種類を超え、最後はおいしいのかおいしくないのか自分でもわからなくなるほど。

こうして、ついに企画が決まり、商品化したところ、じわじわと売れ始めました。

小島店長は、「うれしかったのは、一人のお客さんに絞ってつくった商品が、同じモヤモヤを持つお客さんに響いて、しかもそれが予想以上にたくさんいたこと。そしてその人たちの定番になっていくことで、朝の食生活のパターンが増えたことがまたうれしい」と言います。

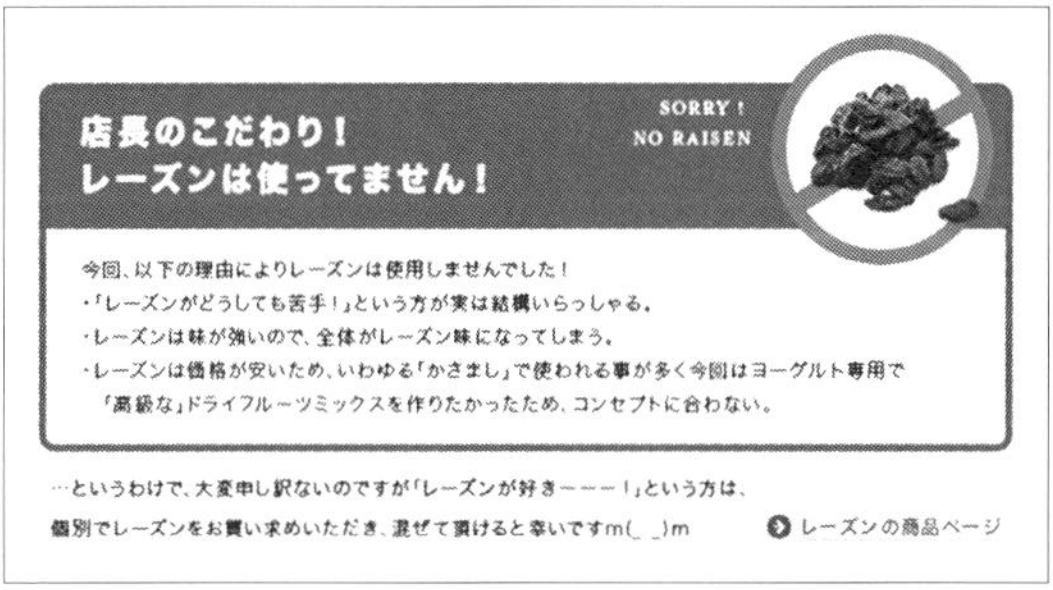
店長のこだわり！
レーズンは使ってません！
SORRY !
NO RAISEN
今回、以下の理由によりレーズンは使用しませんでした！
・「レーズンがどうしても苦手！」という方が実は結構いらっしゃる。
・レーズンは味が強いので、全体がレーズン味になってしまう。
・レーズンは価格が安いため、いわゆる「かさまし」で使われる事が多く今回はヨーグルト専用で「高級な」ドライフルーツミックスを作りたかったため、コンセプトに合わない。
…というわけで、大変申し訳ないのですが「レーズンが好きーーー！」という方は、個別でレーズンをお買い求めいただき、混ぜて頂けると幸いですm(_ _)m
レーズンの商品ページ

この「ヨーグルト専用ドライフルーツ」のコンセプトは、「レーズンが嫌いな人」のほかにもう一つあります。

自店舗の常連さんに「ドライフルーツをヨーグルトに混ぜませんか?」というのではなくて、「ヨーグルト専用」とネーミングすることによって「ヨーグルト好きの人」にドライフルーツの提案をしていこうというものです。

もともとの常連さんで「新商品が好きな人」は、あれこれ言わなくても買ってくれます。買った新商品に「ヨーグルト専用」と書いてあると、知り合いでヨーグルトが好きな人に話したり、おすそ分けしてもらえる可能性が増えるだろう、という考えです。

小島店長は、「バカ売れではなく、じわじわ売れているのがいい」とも言います。一気に売れるとランキング入りして、「売れるモノを売る」スタンスの他事業者に模倣されてしまうからです。

●独自のストーリーを語る商品ページは、模倣できない

「ヨーグルト専用ドライフルーツ」の商品のページを見ると、カンタンには模倣されないように工夫されています。前述のような「レーズン嫌いの友人がいて……」「300種

Dry fruits for YOGURT / KOJIMA-YA OTSUMAMI

ヨーグルト専用
ドライフルーツミックスを
作ったきっかけ

この商品を作ろうと思ったきっかけは、
友人の女性から言われた一言でした。

「小島くんの所のドライフルーツミックスってドライフルーツのカットがちょっと大きんだよねー。
だから　ヨーグルトに漬けても　数時間じゃ中まで柔らかくなりにくいの。で、近所の生協で　カットの細かいドライフルーツミックスってのが売ってるんだけど、これにはレーズンが入ってるのよ。
私レーズンどーしても好きになれないっていうか苦手なので、毎回レーズンを1粒ずつ出して、ヨーグルトにいれてるの。
面倒くさいし、なんかいいのないかな〜。」

専門店として血が騒ぎ、まずは市場調査で、色々なお店のドライフルーツミックスを買ってきてみました。

何種類かのタイプがありました
1：ドライフルーツ自体からちゃんとフルーツそれぞれの味がするけども、フルーツのカットが大きい
2：レーズンが大分入っているので、レーズン嫌いにはダメだし、レーズンで甘味出ししている感が大きい
3：カットは小さいドライフルーツミックスは、全部砂糖の味で、何がなんだか分からない

面白い物で、やはり値段の安い物は　全体的に　砂糖の味が強くフルーツの味がしなかったり、食感にザラザラした感じが残ったりと、同じカットフルーツでもこんなに違うかと思う程でした。

そんなこんなで10種類に絞り込んだ時点で、僕はもう終わったモノ同然だと思っていましたが、それは甘い考えでした・・・・・

ここからが本当に大変でした。

全部いれたら美味しいだろう！　みたいな単純な考えで、10種類を全部ヨーグルトにいれたら、「種類ありすぎて、何がなんだか味が相殺し合って分からない・・・」という事件が最初に発生しまして

類を試食した結果……」という商品開発ストーリーが盛り込まれているのです。

Eコマースの世界では、心ない事業者が無断で商品ページをほとんど丸ごとコピペしたようなページで販売しているのが発覚する、というトラブルが後を絶ちません。そこで、ディフェンスの策として、「ページのコンテンツを個性的にする」という方法が有効になるわけです。

逆に言えば、「自分以外の人でも使えてしまうようなページコンテンツには、オリジナリティが欠けている」ということです。私のまわりの商売上手な人たちは、「模倣者がそれを気づかせてくれた。感謝だね」とか「熱のこもったページやメルマガはお客さんに伝わるし、マネもされ

ないよね」という話をしています。

小島店長は、こう言います。

「ナッツやドライフルーツは、そこまで目立つ商品ではなかったので模倣者はこれまであまりいなかったんです。

ただ、ランキングで目立つようになると、『売れるから売る』という模倣者で、しかも資金力や販売力のある強者（非専門店）が急増してきました。なので、専門店らしい商品を開発しないと差別化というか、ウチは専門店です、という表現がしづらくなってきました。

そこで、専門店だからできるひとひねりをしたいと思ってこの商品ができました。これからもひとひねりした商品は増やしていくと思います。いつか、ふたひねり、三ひねりくらいまで行きたいです（笑）。ただ、軸をぶらすつもりはないので『ひねり』にとどめておきたいとは思っています」。

「たった一人のための価値共創」と「熱のこもった価値伝達」によって、模倣を超える商売が可能になるのです。

CASE 12 最安値ではなくても「型番商品」が売れてしまう方法とは？

いきなりですが、お題です。

【問】型番商品を扱いながら、価格競争に陥らず着実に売り上げをつくっているネットショップ（DJ機材専門店）があります。そのお店が行っている施策について、「あてはまらないもの」は次のうちどれでしょう？

（1）ブログを週3回更新
（2）メーカー訪問をして開発者インタビュー
（3）DJ機材の使い方講座

（考えタイム）

ちっ

ちっ

ちっ

ぼーん！

正解（あてはまらないもの）は、「（1）ブログを週3回更新」でした！

これは**「お店×メーカー」**による共創事例です。

●10年以上、土日も含めて「毎日」ブログを更新

楽天市場に出店しているＤＪ機材ショップ「PowerDJ's」では、「店長ブログ」を中心にした商売のスタイルを確立しています。

店長である市原泰介《いちはらたいすけ》さんが２００５年にブログを書き始めて以来、10年以上にわたり、土日も含めて一日も休まずに更新。ページビューは平均して１日に３０００〜４０００、多いときは５０００ほど。２００９年には楽天市場で「ブログ・オブ・ザ・イヤー」を受賞している人気ブログです。

書かれている内容は「いつもその日の思いつき」だそうで、「○○が安いです」「○○が入荷しました」「この商品はこう使うと面白いです」「こういうイベントに行ってきました」といった内容が混ざっています。

理系出身で自らＤＪや作曲もやる市原店長が生み出すコンテンツのうち、注目すべきなのが、

（１）開発者インタビュー

（２）機材の使い方講座

の二つです。

「開発者インタビュー」は、完全に技術者寄りのマニアックな内容で、開発者の想いをユーザーへ届ける企画。始めた当初、メーカーに出向いてインタビューなどをするのは出版社か音楽ライターくらいで、楽器販売店が大手メーカーに突撃するというのは前代未聞。

ダメ元で依頼したところ、最初「えっ!?」と驚かれたそうですが、許可が出ます。ボイスレコーダーを片手に乗り込み、開発者

の方々を相手に緊張しながらも、もともと自身がそこの製品ユーザーだったため、昔の製品から遡って話をしたことで意気投合。充実した対談記事ができました。

当時すでにブログコンテンツから商品購入という流れの手応えは実感していた市原店長ですが、このコンテンツをつくったことでそれが確信に変わったといいます。

当時はツイッターの日本語版もない時期でしたが、個人のブログを中心に数多くインタビュー記事が紹介され、「想いのこもったコンテンツをつくると必ず共感者が現れる」と自信を持ちます。ただ、同業者も似たようなコンテンツをつくるようになったことで、市原店長は次へ進みます。

それが「機材の使い方講座」です。

まず機材を実際に自分で使ってみて、ブログで小出しに「詳細な使い方」を解説した記事を連載。まとまった数の記事ができたところで、「講座コン

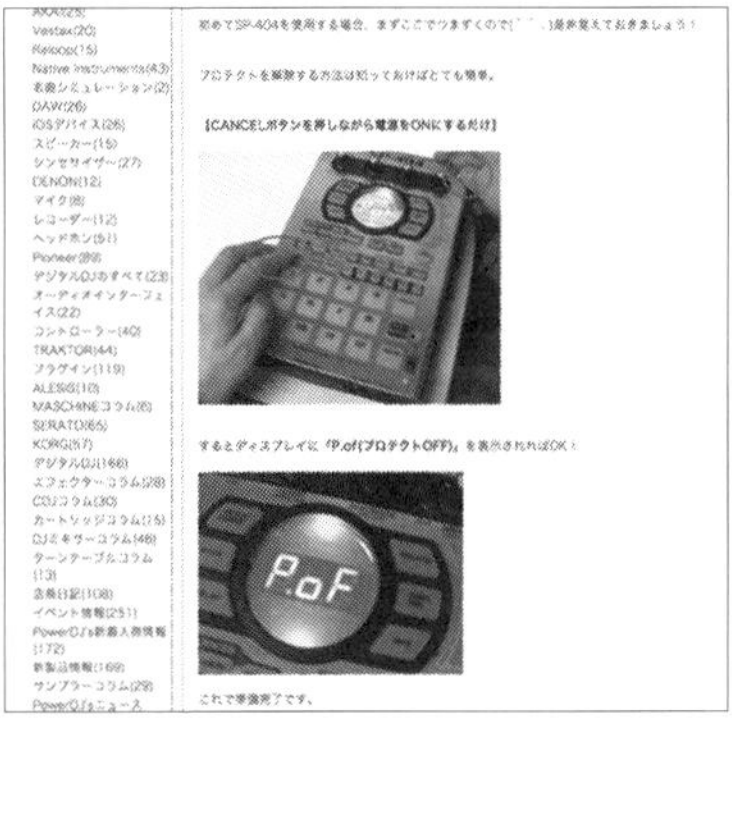

テンツ化」して楽天のショップページに掲載しました。

「機材の使い方講座」としてまとめた結果、ページURLがネット上のクチコミで拡散していくようになりました。

あるときは、商品の使い方ブログを読み込んで実店舗へ来たお客さんから、「店長さんの記事を読んで勉強しました。今日実際に触ってみたら、本当にちゃんと使えたので購入します！」と言われるという、ブロガー冥利に尽きる「究極のO2O（オンラインtoオフライン）」と呼べるような出来事もあったそうです。

この企画の背景を、市原店長はこう語ります。

「このような楽器の使い方を教えるコンテンツをつくっている販売店がなかったんです。

またその解説本も売り上げ部数が見込めないので出版社もつくりたがらない。だったら僕がやってみようと思ってブログで始めました。

こんな面倒くさいことよくやるな、と社内やメーカーからもよく言われました（笑）。実際自分で使っている楽器だったので、調べなくても教えられましたし、曲もつくっているので、使うときのコツなども紹介できます。

そして何よりもそれらの楽器にとても愛着があったからできた。これが他のお店との差別化であり、自社の強みだったのかなと思います」。

●メーカーの開発者が意見を聞きにきてくれるように

そのうち、市原店長のもとへ複数のメーカー開発者が「意見を聞きたい」と訪れるようになっていきました。

市原さんがメーカーの新商品情報を見ていて、「これは自分がメーカーさんにお話ししたヤツだ！」と思うことが増えてきており、実際にメーカーに確認すると、「市原さんのアイデアを参考にさせていただきました！」と感謝されるのだといいます。

日頃の販売実績とブログなどのコンテンツづくりによって、メーカーとの信頼関係ができた成果が出始めたのです。

「間接的ではありますがものづくりに携わることで、商品が自分ごとになり、造詣が深まり、それをお客さまに伝えるコンテンツを制作した結果、商品が売れ、メーカーから信頼されるという、よい循環系ができ上がっています。ただ、新商品のアイデアを僕が出したとはオモテでは言いません。信頼関係が崩れてしまうので」（市原店長）。

これも一つの共創の形といえます。

この手の話で気になるのが、「ブログを読んで商品に興味を持った人が、型番検索して安いほうの店で買ってしまうのでは？」という疑問ではないかと思います。これについて市原店長は、こう言います。

「最初はそういう人が結構いるのではないかと思って、オリジナルの特典やサービスで付加価値をつけている部分もありました。

ただ最近は、安いところでしか買わないお客さんは、別にそれでいいかな、という気になってきました。そういう人は、常に安いものを探している人。売り手と買い手がお互いフラットな状態になれないのであれば、ウチのお客さんでなくてよいかなと。

ただ、ウチで買わない人もブログをチェックしてくれているということは、常に我々のお店のほうを向いてくれているということでありがたいと思います」。

ＤＪに興味を持った人は、自分でネット検索したり、ＤＪをやっている友達に相談する。そういうコミュニティの中には、「PowerDJ's」のコアなお客さんが必ずいるので、結局「PowerDJ's」にたどり着く。

コンテンツを中心にして、そのような共感でつながった世界をつくり出すことで、「PowerDJ's」は着実にお客さんを増やしているのです。

CASE 13

18万円の「九谷焼のカブトムシ」が120体以上売れた方法とは？

いきなりですが、お題です。

【問】業界自体が成熟期、衰退期に入ってしまっている場合、市場のパイを取り合っていても成長し続けることはできません。そこで、九谷焼の業界では、Eコマースで培った「価値創造と価値伝達」のスキルで業界を活性化するプロジェクトを立ち上げました。そのプロジェクトについて「あてはまらないもの」は次のうちどれでしょう？

（1）最初の会合では、お互いに警戒しあって2時間沈黙が続いた
（2）話し合いではまとまらず、会長が「カブトムシをつくる」と決めた
（3）プロジェクトの売り上げは、他の伝統工芸の産地に行く費用にしている

（考えタイム）

ちっ

ちっ

ちっ

ぼーん！

正解（あてはまらないもの）は、「（2）話し合いではまとまらず、会長が「カブトムシをつくる」と決めた」でした！

これは**「同業者」**による共創プロジェクトの事例です。

●ゼロから生まれた「ちび招き猫フィーバー」

2000年から楽天市場に出店している九谷焼専門店「和座　和風空間創造工房」というお店があります。店長は西田《にしだ》上《じょう》さん。家業として、九谷焼の産地で小売りを営んできました。

主に食器を扱っていましたが、あるとき地元のお祭りで、変わったデザインの小さな招き猫を見つけ、「これいいな」と自分で買いました。2004年のことです。

当時は毎日メルマガを出していたので「ネタにしよう！」と思って、「招き猫を買ったら今日コンビニ

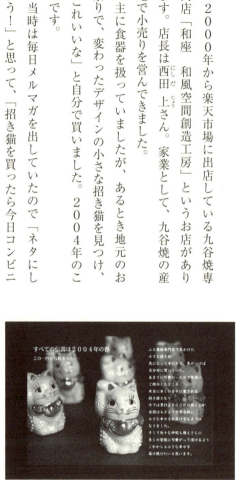

で支払いした時にポケットの中の小銭とピッタリの額だった」とか、「トイレットペーパー芯まで使いきったら〝ありがとうございます〟と書いてあった」とか、身の回りで起こった小さな幸せを書き添えていったところ、お客さんから「ほしい!」という声が出始めます。

たまたまNGOが寄付を募集しているイベントがあったので、ちび招き猫を100匹、1円からチャリティーオークションとして出品しました。

その結果、なんと100匹全部が、他店の通常価格の2500円以上で落札されました。最高の落札額は8000円で、平均でも5500円です。

オークションの特徴として、「2500円以上で入札したけれども落札できなかった人」が多ければ、その人数分を追加で出しても売り切れます。それを4回繰り返して400匹完売。

そこで窯元の生産能力が追いつかなくなったのですが、それでもお客さんから、「ないの!?」という問い合わせが後を絶ちません。そこで、それまで右手を挙げた招き猫だったので「左手なら在庫あります」ということで左手バージョンを出すと、右手を買った人がほぼ100%の確率で左手をリピートしてくれました。

そんな招き猫フィーバーが1年半くらい続き、販売開始から10年で累計1万匹を遥か

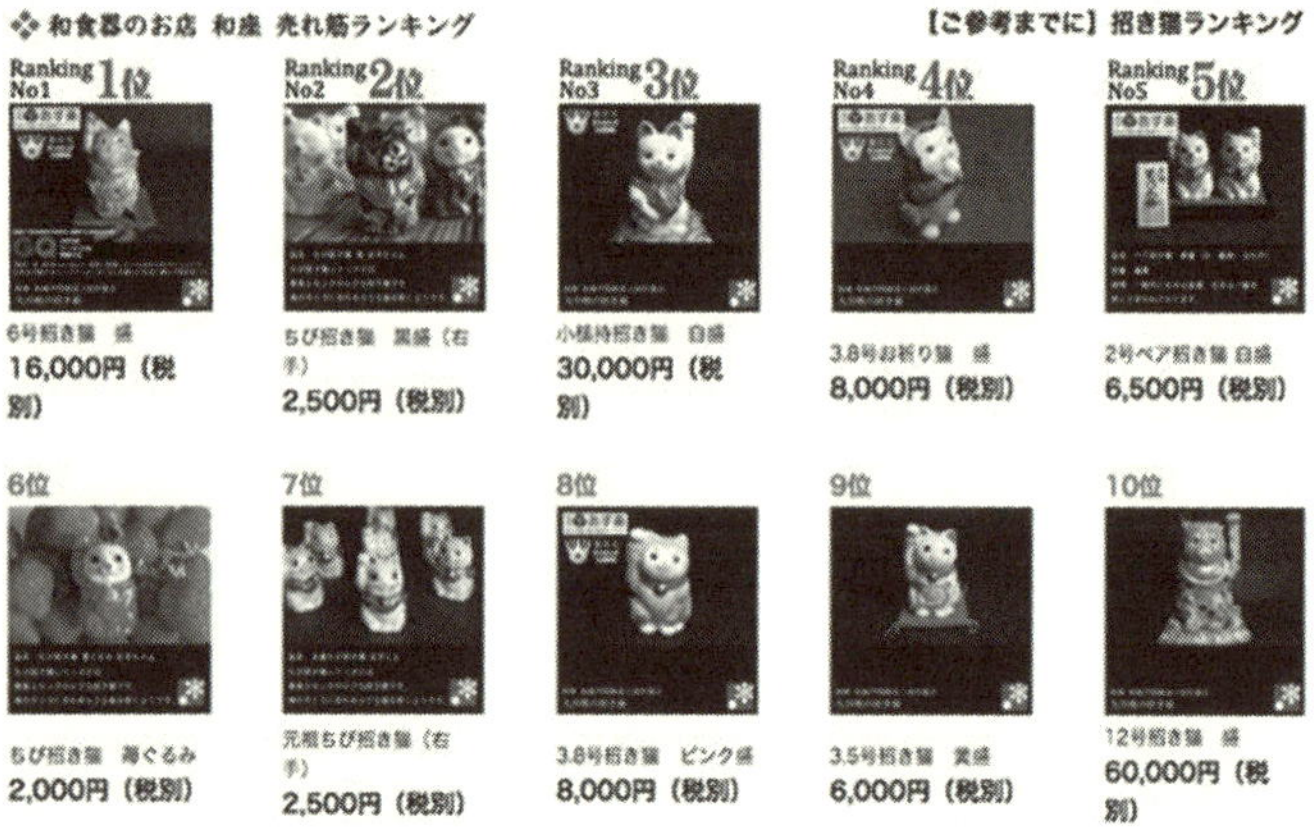
和食器のお店 和座 売れ筋ランキング
【ご参考までに】招き猫ランキング
Ranking No1 1位
6号招き猫 緑
16,000円（税別）
Ranking No2 2位
ちび招き猫 黒緑（右手）
2,500円（税別）
Ranking No3 3位
小槌持招き猫 白緑
30,000円（税別）
Ranking No4 4位
3.8号お祈り猫 緑
8,000円（税別）
Ranking No5 5位
2号ペア招き猫 白緑
6,500円（税別）
6位
ちび招き猫
2,000円（税別）
7位
元祖ちび招き猫（右手）
2,500円（税別）
8位
3.8号招き猫 ピンク緑
8,000円（税別）
9位
3.5号招き猫 黄緑
6,000円（税別）
10位
12号招き猫 緑
60,000円（税別）

に超えるロングセラーになっています。

このように、オークションをはじめとする「顧客参加型で動きのある企画」と「メルマガ」を活用してお客さんとの絆を深めていくスタイルは、楽天市場で「価値創造・価値伝達」をするときの定番のやり方です。

こうして西田店長は、常連のお客さんと信頼関係を築き、自分のオススメ商品を伝えて買ってもらうことで、売り上げの9割をメルマガでつくり出していました。

●18万円の「九谷焼のカブトムシ」が120体以上売れる

その後、西田さんは、大病をきっかけに

ネットショップ運営から数年遠ざかっていました。復帰のきっかけになったのは、東日本大震災。南三陸で大学時代の親友がネットショップをやっており、震災後に「仕事を続けたくても難しい」という話を聞いて、「ふつうに仕事ができる状況の中にいる自分は何をしているのだろう。やれることをやって何らかの支援をしたい」という思いが強くなったのです。

数年ぶりに戻った楽天市場は、かなり状況が変化していたものの、最初に身につけた基礎のおかげでうまく現状にも適応し、同等の売り上げをつくります。

しかし、以前のように自店舗の売り上げを伸ばすだけの仕事に物足りなさを感じ、「これまでに自分がEコマースを通して学んできたことを、業界を盛り上げるために使ってみたい」と思うようになり、同業者を集めて「九谷塾」を始めました。

西田さんは、「九谷焼の業界は、売り手と作り手との間に長いこと壁があり、売り手は『ニーズをとらえていない商品をつくる作り手が悪い』、作り手は『売り方が悪い』と互いに言い合いながら、全体が衰退していっている」ことに問題を感じていました。そこで両者を会わせる場を設けましたが、なんと「最初はただ沈黙が続く2時間の会合だった（笑）」といいます。

しかし、その取り組みを2年続けたことで次第に本音が話せるようになり、経済産業省からの助成金のプロジェクトに立候補したことがきっかけで本気の話し合いが始まります。そこから一年かけて生まれたのが「九谷焼のカブトムシ」。カブトムシのアイデアは、会議の場ではなく飲み会の席でワイワイ話していたときに出てきた案でした。メンバー全員が男性だったこともあって満場一致、カブトムシと決まってからは試作品完成まで2カ月のスピードでした。モノは実際のカブトムシより少し大きめで、値段は18万円（税別）。２０１４年末までの時点で、すでに１２０体以上が売れています。

では、どんな売れ方をしたのでしょう。

まず、九谷塾には常設売り場がないので、展示会やアートイベントに出展しました。すると、それまでにメディアなどで見て興味を持っていた人たちが、

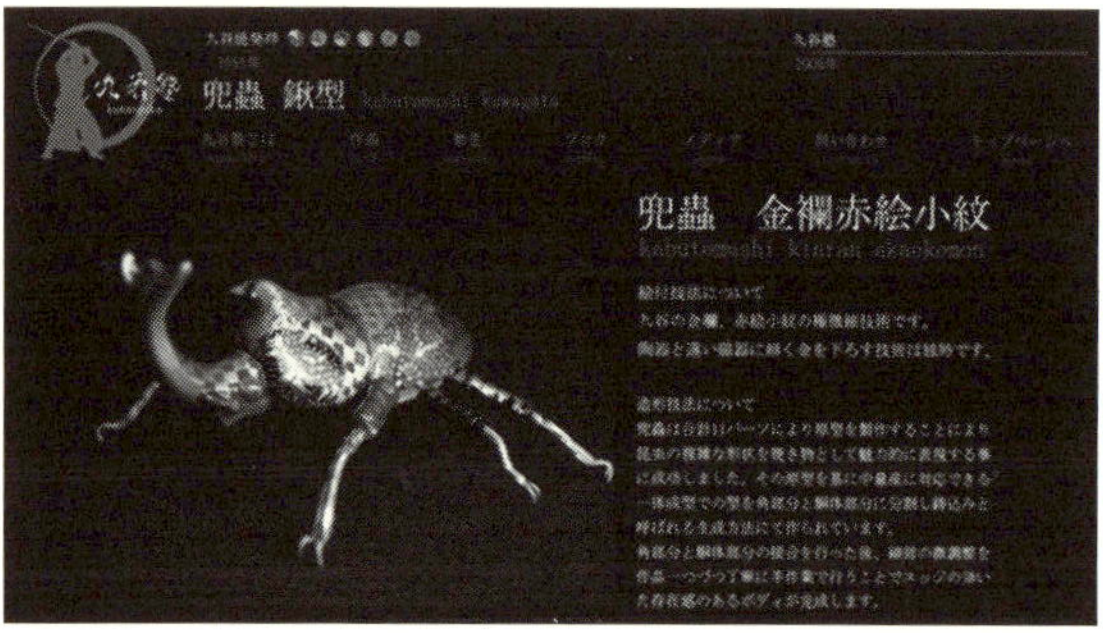

会場に足を運んでくれました。

また、メンバー各人が自分の販売スタイル（個展・展示会・ネット販売等）で販売することで、様々な年代・性別・国籍のお客さんへのアプローチができました。

「誰にでもいいから販売する」のではなく、「九谷塾のものづくりに共感してくれる人だけに販売する」スタイルを意識しました。

「九谷塾は〝大人の部活〟みたいなもの」（西田さん）なので、売れたお金はストックして他の伝統工芸の産地に見学に行くための費用にしています。そこで人脈をつくって、新しいものづくりのステージをつくり上げるべく活動しています。まさに同業者による共創チームです。

西田さんはこう言います。

「九谷焼業界にヒーローが登場すれば、もっと盛り上がると思うんです。それで今、小学校で年に一度、九谷焼の授業を持っています。僕自身、子どもの頃は九谷焼が好きじゃなかった。今も親の世代が『九谷焼なんか高すぎて買わないよ』って子どもに聞こえるところで言うわけです。そうすると、子どもが好きになるわけがありません。

それが、2013年の夏休みに『地域の宝物』をテーマにした小学生の絵画コンクールがあって、その入賞者のなかに、僕らのカブトムシを描いてくれた子がいたんです。あれを宝物と思ってくれているんだって思った瞬間に僕らがやってきたことが報われた気がしました。伝わったんだなって。テレビや雑誌で紹介されるよりも、これ嬉しいよねって。

日本を代表する焼き物って、ないんです。それぞれの産地は日本で有名だとしても海外で勝負できているところはない。だったら全部の産地で手を組んで、オールジャパンで焼き物をつくってみたら面白いんじゃないかと。

日本中の陶芸をやっている人間が集まると何をつくるんだろうっていうのが見てみたい。その土壌づくりをいま一生懸命している最中で、仲間と話をしていてもみんな同じスタンス。いまはそれが心地いいんです」。

マーケティングの知識とスキルは、自社の利益追求のためにも役立ちはしますが、世の中をよくするために活用すると最大の効果を発揮するものです。

ビジョンに共感する仲間が集まってチームをつくり、それぞれ自分の強みを活かしながら夢中で仕事をする。その背中を近くで見ていた子どもたちが、小学校の文集に「将来の夢は、西田さんみたいになる」と書く。そんな「子どもが憧れる、夢中で仕事する大人」が、私のまわりにはどんどん増えてきています。

第3章

共創チームのつくり方

「チームの成長法則」とは

前の章では、共創によって価値が生み出された事例をみてきました。

では、どうすればそのような「共創チーム」をつくることができるのでしょうか。

前述のように、「人と人が一緒に何かをやる」という意味で、「共創価値のつくり方」の要諦とは「チームのつくり方」にほかなりません。コラボがうまくいかない理由は、ほとんどの場合、「チームづくりに失敗しているから」です。

第1章で述べた、共創がうまくいかないパターンは、次のようなものでした。

- **何を共創するのか、誰と共創するのかが見つからない**
- **「お客さんとの共創コミュニティ」を立ち上げるも、動き出さない、まとまらない**
- **「コラボしましょう」と盛り上がるも、具体的な話になると「思っていたのと違う」となって空中分解**
- **実現にこぎつけるまでの「調整」の結果、とんがりがなくなってしまっている**
- **実行したところ結果が出ず、お互いに「二度とやらない」と思う**

●「ウチはこんなにコストを負担した」「話が違う」と費用負担でもめる

なぜこのように失敗してしまうのか、うまくいくためにはどうすればよいのかを、本章では考えていきます。

そもそも「チーム」とは何なのでしょうか。

チームと似たような言葉で「グループ」というのがあります。ふだん、チームとグループという二つの言葉を自分で意識して使い分けているかと問うと、よくわからないという人が多いと思います。「それぞれの定義は?」と聞かれてもすぐには出てこないわけです。ちょっと問いを変えてみて、「グループがつく言葉」か「チームがつく言葉」を挙げてみましょう。どちらでもよいです。

たとえば、「スポーツチーム」。

思い浮かんだら、もう一方の「グループ」もつけてみます。すると、「スポーツグループ」になりますが、この表現はあまり使われません。

同様に「サッカーの日本代表チーム」とは言うけど「日本代表グループ」とは言わない。

「プロジェクトチーム」とは言うけど「プロジェクトグループ」とは言わない。「チームワークがいい」とは言うけど「グループワークがいい」とは言わない。「チームワーク」と「グループワーク」はどっちも言うけど、意味の内容がかなり違っています。「ほれぼれするほどかっこいいチーム」というのはしっくりくるけど、「ほれぼれするほどかっこいいグループ」というのはあんまりしっくりこない。「チームづくり」という言葉はあるけど、「グループづくり」というのはあんまり言わない。なぜなら、「半分に分かれてください」とか「3人1組になってください」と言った瞬間にグループづくりは完了するから、簡単です。だから『グループづくりのノウハウ』という本は見かけない。

グループがつく言葉としては、「仲よしグループ」があります。「仲よしチーム」とはあんまり言わない。

同じく「グループ会社」とは言うけど「チーム会社」とはあまり言いません。

ということで、みんな無意識のうちに使い分けてはいるようです。こうして考えてきたときに「どっちが強そうか」というと、何だかグループよりチームのほうが強そうな感じがします。

この本では、**「グループ」が成長して「チーム」になる**、と考えます。

どういうことか、もうちょっと深掘りしてみましょう。

やや唐突ですが、ジグソーパズルをするときのことをイメージしてみてください。

ジグソーパズルをするときって、買ってきて、箱を開けてバラバラっとピースを机の上に広げます。裏返しになっているピースを表にしていって、そのあと四つの辺になるまっすぐの部分のあるピースをより分けていきます。あとは色や模様を見ながら似たようなやつを分類して仮置きをして、机の上にいくつかの島があるような状態にします。

これがグルーピングです。

そのあとにピースの凸と凹をガチャガチャ組み合わせてみるという活動が始まって、ピタッとハマるものがだんだん見つかっていって完成していく、ということをやるわけです。


これを実際の組織に置き換えて考えてみます。

採用のときに「営業職募集」とか「事務職募集」と告知し、来た人を面接して、「営業経験あります」「事務は得意です」という話を聞いて、「得意そうなので、明日からお願いします」と採用が決まり、そのまま部署に配属されて、「あなたの担当業務はこれです。経験を活かしてがんばってください」と言われて仕事をし始める。そんなイメージになります。

これはパズルのステップでいうと「仮置き」の状態です。「あなたの色や模様だと、なんとなくその辺りね」と「それっぽい役割分担」でグルーピングしただけで、ほかの人と凸凹をガチャガチャやらないままに一人で仕事をし始める。まわりも「中途採用でその人のやり方っていうのもあるだろうから、そこまで口出ししなくてもいいや」と遠慮している。そんな感じが「仮置き」、すなわち「グループ」の状態です。

世の中を見渡したときに、この「グループ」の状態で止まっている組織が大多数だと思われます。

チームづくりは、ジグソーパズルに似ている

ジグソーパズルをするときって…

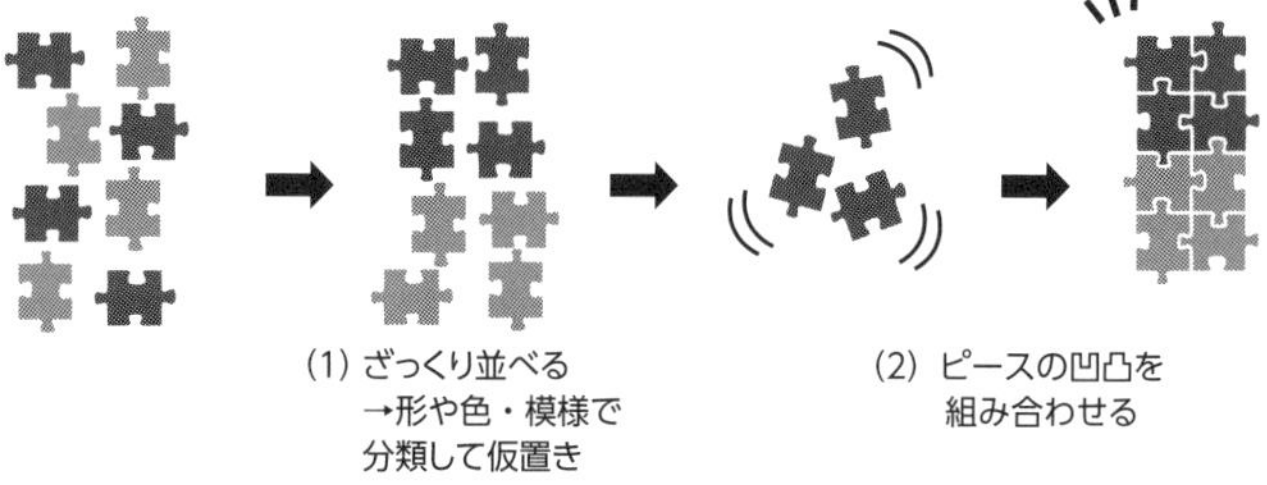
(1) ざっくり並べる
→形や色・模様で
分類して仮置き
(2) ピースの凹凸を
組み合わせる

でも、チームづくりでは(1)のステップで止まっている組織がどれほど多いことか！　これはもったいない！

人間同士で凸と凹をガチャガチャやっている間は、自分の仕事も相手の仕事も進まないので全体のパフォーマンスが下がります。だから、多くの組織は、その組み合わせ作業を「非効率」と考えて、やろうとしないわけです。しかし、実はガチャガチャやった結果、凸と凹がぴったりハマったときに初めて「グループ」は「チーム」に変わり、それまでは考えられなかったような高いパフォーマンスを発揮できるようになるのです。

コラボがうまくいかないのも同様で「チームではなく、グループにすぎないから」です。

そのままにしておくのはもったいないわけです。

では、どうすればグループがチームになるのでしょうか。

この章のメインテーマになるのが、グループがチームに成長する普遍的なシナリオとしての「チームの成長法則」です。

●「チームの成長法則」と「3ステージ成長モデル」

グループがチームに成長するときの、たった一つの法則があります。

「グループ」が
「嵐（ストーミング）の谷」を越えて
「チーム」に変身する

これだけです。この法則を理解すると、第2章の事例に出てきたような「共創チーム」をつくるために何をしたらよいのかが見えてくるようになります。

ここからは、「チームの成長法則」の理解を深めるために、3つのステージに分けて考えていきます。

（1）フォーミング（形成期）
（2）ストーミング（混乱期）
（3）ノーミング（規範期）

の3ステージです。グループが結成されて旅立ち、試練を乗り越えチームになって、ビジョンの実現を達成する、というストーリーです。

チームの成長法則

> 「グループ」が
> **「嵐（ストーミング）の谷」**を越えて
> 「チーム」に変身する

これら3つのステージにおけるパフォーマンスをグラフにすると、下の図のようになります。

第1ステージの「フォーミング」では、満点である100点に向かってチームづくりが進んでいくと、いったん雰囲気がよくなったあとでメンバー間に嵐が巻き起こり、混乱する時期が訪れます。これが第2ステージの「ストーミング」。下の図の成長曲線における「谷」のような部分です。ストーミングに入ると、パフォーマンスが下がっていきます。パズルのピースでいうと、凸と凹をガチャガチャ組み合わせているときに仮置き状態よりも机の上が散乱した感じになる、あのイメージです。「前のほうが整ってたよね」と思うような状態。

チームの成長法則　3つのステージ

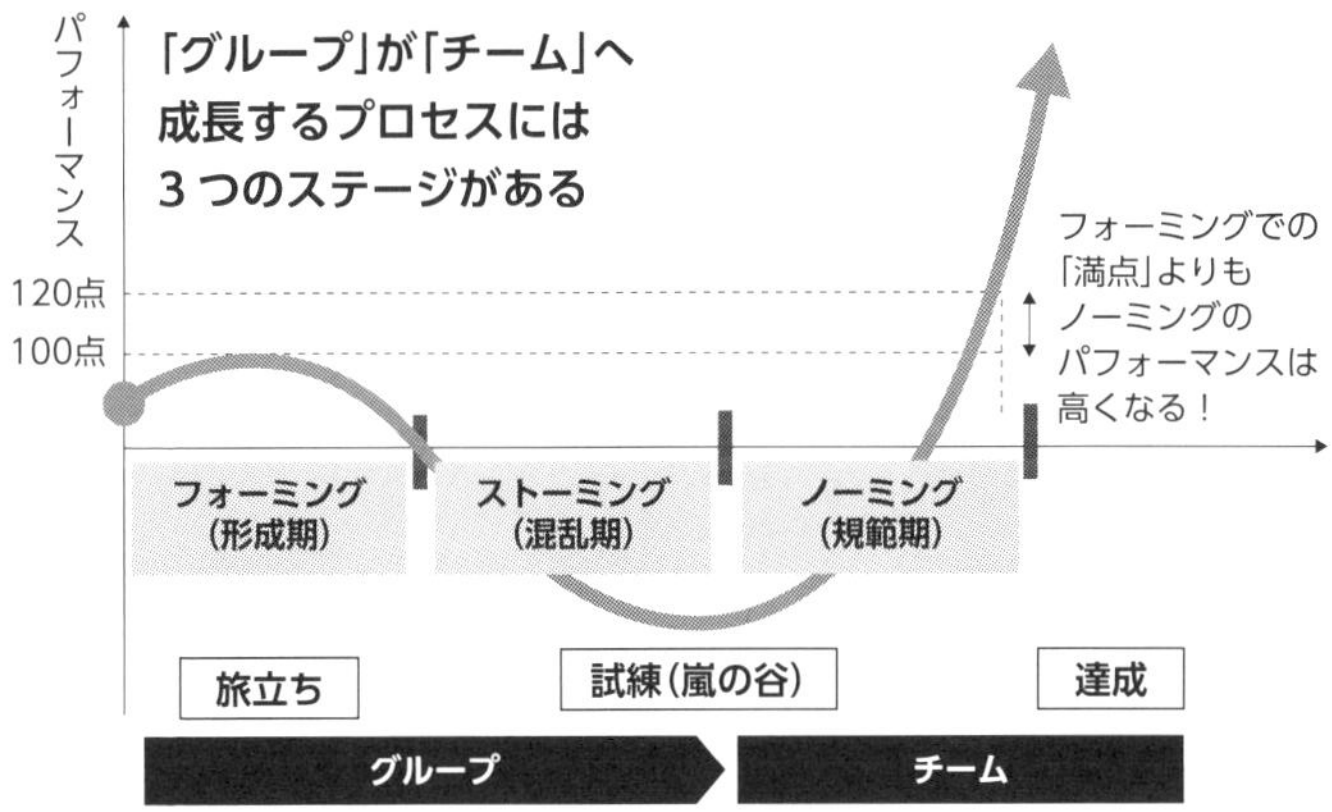
「グループ」が「チーム」へ
成長するプロセスには
3つのステージがある
パフォーマンス
120点
100点
フォーミングでの
「満点」よりも
ノーミングの
パフォーマンスは
高くなる！
フォーミング
(形成期)
ストーミング
(混乱期)
ノーミング
(規範期)
旅立ち
試練(嵐の谷)
達成
グループ
チーム

チームの成長ステージ

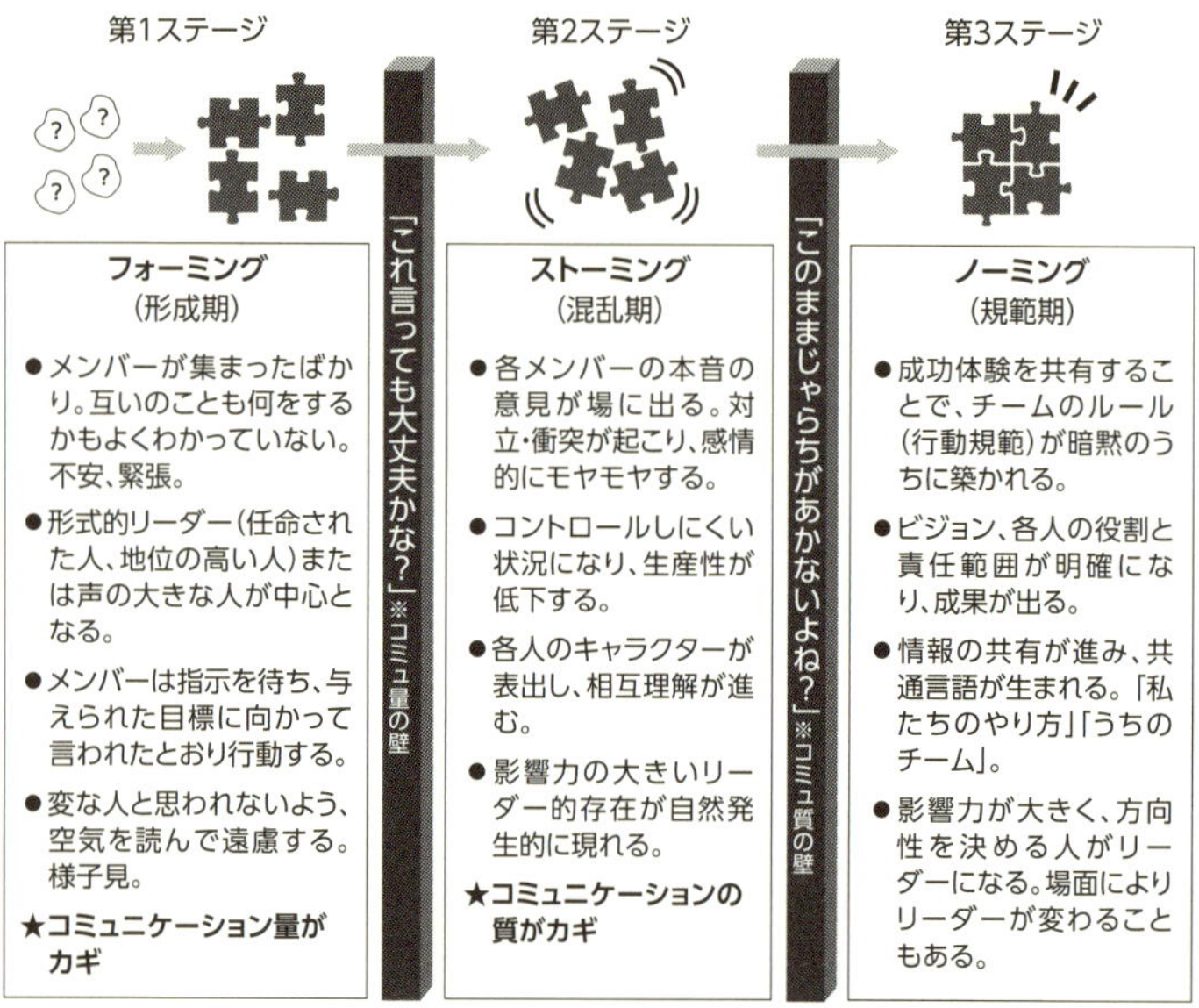
第1ステージ
第2ステージ
第3ステージ
「これ言っても大丈夫かな？」※コミュニ量の壁
「このままじゃらちがあかないよね？」※コミュニ質の壁
フォーミング
（形成期）
●メンバーが集まったばかり。互いのことも何をするかもよくわかっていない。不安、緊張。
●形式的リーダー（任命された人、地位の高い人）または声の大きな人が中心となる。
●メンバーは指示を待ち、与えられた目標に向かって言われたとおり行動する。
●変な人と思われないよう、空気を読んで遠慮する。様子見。
★コミュニケーション量がカギ
ストーミング
（混乱期）
●各メンバーの本音の意見が場に出る。対立・衝突が起こり、感情的にモヤモヤする。
●コントロールしにくい状況になり、生産性が低下する。
●各人のキャラクターが表出し、相互理解が進む。
●影響力の大きいリーダー的存在が自然発生的に現れる。
★コミュニケーションの質がカギ
ノーミング
（規範期）
●成功体験を共有することで、チームのルール（行動規範）が暗黙のうちに築かれる。
●ビジョン、各人の役割と責任範囲が明確になり、成果が出る。
●情報の共有が進み、共通言語が生まれる。「私たちのやり方」「うちのチーム」。
●影響力が大きく、方向性を決める人がリーダーになる。場面によりリーダーが変わることもある。

この「嵐の谷」を乗り越えられると、メンバーの凸凹が組み合わさって、パフォーマンスが上がり始めます。第3ステージの「ノーミング」です。第1ステージでは最大のパフォーマンスを発揮しても100点が上限でしたが、ノーミングステージでは100点を超える高いパフォーマンスを発揮できるようになります。

この「嵐の谷」の底を打つまでが「グループ」で、底を打ってパフォーマンスが上がっていくところ以降を「チーム」と呼びます。

では、「チームの成長ステージ」の理解をさらに深めていきましょう。

(1) フォーミング (形成期)

第1ステージはフォーミング(Forming)、日本語でいうと形成期。メンバーが集まったばかりのステージです。新しいプロジェクトが立ち上がった、組織変更や異動で部署に新人が入ってきた、または誰かが抜けた、などが典型です。

お互いのことをあまり知らないし、そもそも何をやるのか、自分はどういう役割なのかもハッキリわからない。メンバーは不安や緊張を感じていて、空気がカタい感じ。どうしていいかわからないので、多くの人はまず様子見。ウカツなことを言って「変な人」と思われることのないように、空気を読んで、言いたいことがあっても黙っています。

このステージのリーダーは、任命された人や地位の高い人、集まろうと声をかけた言い出しっぺなどの「形式的なリーダー」です。形式的リーダーがいないときは、声の大きい人やよくしゃべる人の影響力が大きくなりやすい状況にあります。メンバーの大部分は指示を待っている「リーダー依存の姿勢」になっていて、与えられた目標に向かって言われたとおりのことをやります。

このフォーミングステージでは、**コミュニケーションの「量」を増やすことが最優先事項になります**。パズルでいうと、お互いの色も模様も見えておらず、どこが凸でどこが凹なのか、ピースの輪郭もわからないようなぼんやりした状態なので、コミュニケーションの量を増やすことによって、「ああ、この人はこんな性格なんだな。ここが強みで、あそこが弱みで、こういう考え方の人なんだな」というのが見えてきて相互理解が深まっていきます。

そうすると、「このメンバーにだったら、ここまで言っても大丈夫そうだな」というラインが見えてきます。そうすると初めて、今まで言えなくて飲み込んでいた自分の意見を言えるようになってくるわけです。P184のように、第1ステージと第2ステージの間には「これ言っても大丈夫かな?」の壁があって、コミュニケーション量が増えることでその壁を越えられやすくなります。壁を越えると次のステージです。

（2）ストーミング（混乱期）

第2ステージはストーミング（Storming）。ストーム（嵐）が起こって混乱する時期です。「自分はこう思う」「それは違う」などと、各メンバーの本音が場に出てくるようになります。そうすると対立や衝突が起こって、感情的にモヤモヤしたり、雰囲気が悪くなったりすることもあります。議論している間は仕事が止まった状態になるので、フォーミングのときよりもパフォーマンスが下がります。全体的に収拾がつきにくく、コントロールしにくい状態になっています。

ただ、みんなが本音を場に出すようになるので、より「この人、本当はこういうふうに思っていたのか」とか「私のニガテなことがこの人は得意」というのが見えてきて、さらに相互理解が進んでいきます。みんなが「この人は影響力が大きいな」と感じる人が自然発生的に現れてきたりもします。

それぞれが自分のアイデアを言っているだけだと先に進まないので、意見が出尽くすと「このままじゃ埒《らち》があかないよね」という状況になります。その思いが共有できると、第3ステージに進んでいきます。

第1ステージではコミュニケーションの「量」がカギでしたが、第2ステージでは課題を明らかにして方向性を見出していくために、**コミュニケーションの「質」が重要になります**。

「やり方を決めよう。ひとまず○○さんが言ったアイデアでやってみようか」と話が収束していき、ダメだったら「じゃあ違う人のアイデアでやってみよう」とやっているうちに、小さな成功体験が生まれてきます。

「このやり方、いいね！」「もうちょっと練習してみようか」と試行錯誤を繰り返しながら、だんだん形ができていきます。こうしてコミュニケーションの質が上がって、やることが決まっていくと第3ステージにシフトしていきます。

⑶ ノーミング（規範期）

第3ステージはノーミング（Norming）。ノーム（norm）とは、規範とか標準という意味です。小さな成功体験を積み重ねていくことでストーミングが収束し、チームの方向性がまとまっていきます。こういうときはこうする、という暗黙のルールができていったり、やり方が形式知化・明文化されて標準化が進んだりする時期です。すなわち、それまでのように言われたことをやる「他律」ではなく、「自分たちルール」ができて自律的に動くようになるのがノーミングです。

前段階のストーミングで意見を出し合っているうちに、「この人はアイデアを出すのが得意なんだな」とか、「この人は慎重だな」とか、「この人は人間の器がデカい」というのが見えてくるので、「あなたはそこのポジションやって。私はここをやるから」のように、自然に役割分担が決まっていき、各自が自分の強みを活かして得意なことをやっているような状態ができていきます。パズルでいえば、お互い凸と凹をガチャガチャやり合う（ストーミングをする）うちに、ぴったりハマる組み合わせが見つかった状態です。みんなが自分の凸（強み）を活かせているわけです。

こうして**ノーミングでは、ビジョンや役割分担、責任範囲が明確になります。情報共有が進み、共通言語が生まれていきます**。パフォーマンスが上がってきて、あるとき理想的な形で成果が出るという成功体験を味わえる瞬間があり、「ああ、自分たちは、この方向性でよかったんだ」とか、「こういうふうに修正したら、もっとよくなりそう」と盛り上がりながら、さらにチーム化が進んでいきます。その結果として、チームのビジョンを達成することができるのです。

ノーミングまで到達した「チーム」であることがわかる、典型的なシーンがあります。サッカー選手の試合後のインタビューで、「今日は自分たちのサッカーができた」という表現が自然と口から出てきているシーンです。あれは、「自分たちのあり方・やり方」をみんなで共有できていて、自分がチームのために何をすればよいのかがわかっている証拠です。もし選手一人ひとりに、「自分たちらしいサッカーとは、どういうものですか?」と聞いたら、みんなが同じことを答えられる状態です。

なお、ノーミングステージにおけるリーダーというのは、ストーミングのときに自然発生的に出てきた「影響力が大きくて方向性を決める人」「みんなが一目置いたり、みんなの納得感を得られる人」がなっていきます。それがフォーミング(第1ステージ)時点での形式的リーダーと違う人であれば、形式的リーダーは文字通り「形式化」します。

また、リーダーというのは一人に限るように思われがちですが、場面によってリーダーが変わるということもあり得ます。たとえばテレビアニメ『ガンバの冒険』でも『ワンピース』でもよいのですが、「このシチュエーション(この敵)には、このメンバーが強みを発揮する」という出番があって、その人がそのときのリーダーになっている、という場合です。

以上が、「チームの成長ステージ」の概観です。

この法則をマスターすることで、グループがチームに変わる道筋が見えてくるようになります。

では、この視点をもとにして、改めて共創がうまくいかないパターンを検証してみたいと思います。

共創チームづくりに失敗する3つのパターン

①フォーミングのまま解散

コミュニケーション量が増えにくいことによって失敗する場合です。

どういうときにそうなるかというと、大人数を集めて始めようとするケース。「いろんな人をたくさん集めたほうがいいだろう。大きいことはよいことだ」と思って呼んでくるわけですが、そうすると逆にうまくいきません。人数が多ければ多いほどフォーミングが進みにくくなるからです。みんなのことがお互いにわかって初めて意見が言いやすくなるということを考えると、3人でやるのと10人でやるのと100人でやるのとでは相互理解のしやすさが大違いです。また、人数が多いほど「空気を読んで遠慮しよう」というマインドも高まるので、コミュニケーション量が増えにくいのです。

フォーミングのまま解散するもう一つのケースで、「パズルのピースのサイズが違う」というのもあります。ジグソーパズルで1個だけピースがダントツに大きいというものを見たことがあるでしょうか。私はお目にかかった記憶がありません。もし1個だけ大きいと、その人の凸と凹にまわりの人が合わせて変な形にならなければいけなくなります。「大きなピースありき」の構成ということです。

「スゴい人と組めば成功できるはず」という考え方を持っている人は少なくないと思いますが、そうすると逆にチームになりにくいのです。ピースが大きい人に依存するようなマインドやスタイルになりやすいからです。いわゆる「下請け」はそういう構造です。言われた仕事をやっているだけならば、まさにフォーミングの関係性です。よくて文字通り「グループ企業」止まりで、「チーム」にはなれていないのです。

なお、メンバーが誰か1人増えたり減ったりした時点で、その人の分をどうするかが決まっていない

共創チームづくりに失敗する3つのパターン

① フォーミングのまま解散（コミュ量が増えにくい）
- 大人数を集めて始めようとする
- パズルのピースのサイズが違う

② ストーミングで解散（コミュ質が上がらない）
- 譲れない価値観がバッティングする
- 接着剤としての理念がない　（例）相手に集客を期待する／お金目的

③ そもそも共創体質でない
- 自分の強みに気づいていない

という意味で、チームづくりはフォーミングのスタート地点に戻ります。**成長ステージは一方向に進むのではなく、行ったり来たりするわけです。**

その点、よく「プロジェクトにいろんな人を五月雨式に誘ってくる人」がいます。毎週のミーティングのたびに新メンバーを連れてくるような人です。そうすると常にフォーミング初期に戻っていることになるので、うまくいきにくくなります。

したがって、少人数の固定メンバーでストーミングの谷を越えてチームをつくってから、新しいメンバーを増やすように進めたほうがスムーズにいくはずです。最初にコアメンバーで「チーム」ができると、「足りないピース」が見えてきます。それを発信することで、「それ、私は得意です」という人が参加しやすくなります。また、一度チームになったメンバーが多ければ、新しくメンバーが増えても「自分たちらしいチームとは」という価値基準が共有されているので、嵐の谷を越えるための試行錯誤の期間が短縮できるわけです。

②ストーミングで解散

これは、コミュニケーションの質が上がらないことが原因で失敗する場合です。

お互いの意見を言い合った結果、**「譲れない価値観」がバッティングしている**ことが判明することがあり得ます。

たとえば、ある商品やサービスを開発していて、「このクオリティでは絶対に納得できない」という人がいて、もう1人は「いや、まずはやっていかないと改善もできないから絶対スタートすべき」という人がいると一緒にやっていけません。

「絶対に自分が1人で社長をやりたい」という人が2人いても一緒にやっていけません。

譲れない価値観がバッティングしているとわかったときはどうするか。

「お互いに別々の道を歩んだほうがハッピーですね」というのが判明したことになるので、そこで解散することになります。

もうひとつのケースで、**「接着剤としての理念がない」**というのがあります。

ストーミングというのはパフォーマンスも下がってきて、感情的にもイライラ、モヤモヤしやすいステージです。そのときに、コラボしようとした元々の思惑として、「相手に集客を期待していた」といった場合、結果が出てないうちにもめ始めると「そんなに集客力がないとは思わなかった」「話が違う」というふうになりやすい。特に、「有名な相手とタイアップすれば自分のところに向こうの顧客が流れてくるだろう」とお互いが思っていたりすると、空中分解は必至です。

一方、ストーミングをしながらも結果が出ていなくて、「何のためにこんなしんどい思いをしなければいけないのか」となったときに、共通のビジョンや理念があればふんばれます。理念がお互いの接着剤になるわけです。しかし、目的が「効率よく儲かりたい」だと、「コストばかりかかって儲からない」というときに接着剤になるものがなく、がんばれません。

これらのケースのように**「ストーミングで解散」する場合というのは、そもそもメンバーの集め方を間違えたからうまくいかない場合がほとんど**です。メンバーの集め方についてはあとで詳しく掘り下げます。

③そもそも共創体質でない

「自分の強みに気づいていない人」は、まだ共創できるレベルに至っていないという意味で、うまくいきません。「誰と組んでいいのか、何をしていいのかわからない人」というのがこのパターンです。

共創が生まれやすい「共創体質」になるための方法についても後述します。

失敗するパターンを整理したところで、「共創チームのつくり方」について考えていきましょう。共創体質の前に、まずはメンバーの集め方から。

メンバーの集め方

メンバーの集め方は、第1章でも触れたとおり、「かくれんぼする者、この指とまれ！」のイメージです。

ポイントは二つ。

一つめは、**「理念・ビジョン・行動規範を【事前に】共有すること」**です。キーワードは「ビーサンで富士山には登れない」です。

どういうことか。まず、よくありがちなメンバーの集め方をイメージしてみます。

ある社長が一人でネットショップを始めました。忙しくなって、人手が足りなくなってきたので「梱包・発送を手伝って」などと言ってスタッフを増やし、気づいたら10人、30人、100人と増えていったようなケース。みんなサボってい

メンバーの集め方

かくれんぼする者、この指とまれ！

① **理念・ビジョン・行動規範の事前共有**
・ビーサンで富士山には登れない

② **レベルを合わせてタイプを散らす**
・小1と中3の遊びは長続きしない

るわけではないけど人数が増えた割にはあまりパフォーマンスが上がってこない、社長が全部決めないと何も進まない、会社の業績を気にしているのも社長だけ、という状態に。

もうおわかりのとおり、これはフォーミングステージの「グループ」だからです。そしてその社長が「ストーミングの谷を乗り越えないとチームになれない」ということを知って、実際にみんなが本音の意見を言えるようにチームづくりを進めていこうとなったときに、先ほどの「譲れない価値観がバッティングする」ことが判明するわけです。

たとえば、チームになるには共通のビジョンが必要だということで、社長が初めて「やっぱりうちの会社も日本一になりたい」とか「楽天市場でショップ・オブ・ザ・イヤーを獲りたい」と言い出します。山登りでいうなら、「富士山に登りたい」と。

そうすると、「ちょっと梱包手伝ってよ」と言われてなんとなく来ただけのつもりの人は、「いやいや、私はハイキング程度しか行く気ないんですけど」と表明する。また、「私は一年中ビーチサンダルで過ごすのがポリシーなので、富士山は無理」という人がいることが判明する。そんなイメージです。

実際、ある会社では、15人でやっていたのがストーミングの結果、10人辞めて5人に減ってしまいました。それなのに、5人でノーミングステージの「チーム」になれたことによって、売り上げ最高記録を更新してしまいました。

そういう会社は、その後、人を採用するときに「ウチはみんなで富士山に登ろうとしている会社です」ということを必ず言うようになります。そうすると、富士山に登りたい人しか集まってこないので、ハイキングしか行く気のない人や、ビーサンで過ごすポリシーの人は間違って入社しなくて済むようになります。すなわち、ストーミングの谷を一緒に越えられる人だけが集まってくることになる。それが「理念・ビジョン・行動規範を【事前に】共有する」という意味です。

つまり、かくれんぼをしたいなら、「一緒に遊ぶ者、この指とまれ!」ではなく、「かくれんぼする者、この指とまれ!」とビジョンを掲げることが大事なのです。

メンバーの集め方の二つめのポイントは、**「レベルを合わせてタイプを散らす」**こと。

先ほどのジグソーパズルでいうと、一つだけ大きいピースだと長続きしにくく、依存型になりやすいという意味で「レベルを合わせる」ことが重要です。また、すべてのピースが同じ形だとパズルは成り立たないので「タイプを散らす」ことが必要になります。

ストーミングの谷を越えてチームになりやすいのは、レベル感が同じで、強みと弱みのタイプが違う人の集まりなのです。

その視点で世の中を見渡してみると、「すごい人がいたほうがチームとしてパフォーマンスが上がりそう」と考える人のほうが多数派のようです。プロスポーツチームでも「スーパースターを連れてくればなんとかなるだろう」と多額の移籍金を払ってスター選手を獲得してきたものの、その選手に依存したり、若手が遠慮した感じになったりしてうまくいかないケースはよくあります。

かくれんぼでいうと、小学1年生と中学3年生が一緒に遊んでいるような場合でしょうか。最初は気を遣ってうまくやっているけど、中3が本気出すと全然見つからなくて小1のオニさんがやる気をなくしたりして、そのうち両方飽きてしまう。そんなイメージです。

また、経営者が自分の好みのタイプばかりを採用しているケースもありがちです。自分と似ている強みをもった人を高く評価することで、凸凹がかぶった集まりになっていることは少なくありません。その場合、調子がよいときは同じ方向に進む力も強いのですが、逆境になると全員ニガテなこともかぶっていて一気にパフォーマンスが下がることになりかねません。

かくれんぼも、一度隠れたら見つかるまで動かない人と、一カ所にじっとしていられなくてオニの目を盗んで移動する人なんかが混じっているときのほうが、面白いものです。

共創体質のつくり方

続いて「共創体質」についてです。共創体質とは、強みを活かしてチームをつくる準備が常にできているということです。

そのためには、まず自分の「強み」をハッキリさせておくことが大事です。というと、自分の強みは自分が一番わかっていると思うかもしれませんが、実は自分が一番気づいていないことが多いものです。

私はこれまで数多くの商売人の方々と接してきていますが、名刺交換したときに「強みはなんですか?」と尋ねると、たとえばフードジャンルなら9割方の人がこう言います。

「うちの商品は、おいしいんですよ」

その結果、私は違いがわからないので選べなくて買えません。「食べてもらえれば違いがわかります」とも言われますが、食べていないとわかりません。

「特殊な製法で、手間をかけてつくっています」と言われても、みなさんそれぞれ「特殊な製法で手間をかけてつくっている」と言うので、素人には違いがわかりません。

これが「自分の強みを把握できていない」ということです。

それで結局、多くのお客さんが、「最安値」とか「世界的なコンテストで金賞を受賞したパティシエがつくった」とか「人気ランキング1位」のような「わかりやすい」商品を選んでしまうわけです。言い換えれば、「どれを買ったらよいかわからない人」に対して、「人気があるから」「広告が出ていてすぐ見つかったから」「売れているなら、これを買っておけば無難そうだから」のように「あれこれ迷わなくて済むという価値」が選ばれた理由になっているわけです。

つまるところ、**「価格競争・模倣競争・露出競争」に陥ってしまう大きな原因の一つが「自分の強みに気づいていないから」**なのです。


では、どうすれば自分の強みに気づけるか。

先ほど、強みがそれぞれ異なる、タイプの違う人でチームをつくるという視点が出ましたが、「異業種の人」や「異能の人」が集まると、お互いの強みがわかりやすくなります。

第2章の事例で出てきた「鶏ちゃん合衆国」（P120）が好例です。

「みんなで鶏ちゃん合衆国をつくろう」という話が盛り上がっていくなかで、岐阜県庁の職員さんが憲法の条文を書き、デザイナーさんが国旗をデザインし、印刷屋さんがのぼりを印刷し、フリーライターさんがあちこちで記事を書き、フリーアナウンサーさんが自分の番組でPRと、それぞれが自分の得意分野で活躍したのでした。

このように、業種や職種が違う人が一つのビジョンのもとに集まっていると、得意なことがわかりやすくなります。「印刷できる強み」を持っているのは一人しかいないのです。

それに比べて、同業者としのぎを削っている「競争体質」の印刷屋さんは、印刷屋同士で比べて「すごい印刷屋さんかどうか」が強みとして問われるわけです。「単に印刷できるだけ」では強みになりません。

したがって、**競争体質より共創体質のほうが、自分の強みを活かせている状態をつくりやすい**のです。

もう一つ、共創の準備ができている状態というのを考えたときに、**「加減乗除」という視点が役に立ちます**。これは

共創体質のつくり方（強みを活かす）

加 ▶ 減 ▶ 乗 ▶ 除

加：できることを増やす
減：やらないことを決める（強みでとんがる）
乗：強みを他者と掛け合わせる（**共創**）
除：ひとつの作業が同時並行するすべてにつながる

人の成長ステージを表わすものです。

人が新しく仕事を始めたとき、最初は**「できることを増やしていくステージ（加）」**からスタートします。このステージではまだ共創の準備が整うところまで至っていません。いろんなことができるようになったあとに、ようやく自分の得意なことが客観的に見えてきます。限られたリソースを使って仕事をするにあたって、**「自分の得意なものに絞っていく引き算（減）」**をやっていくことで、強みがハッキリしてとんがってきます。そこで初めて**「乗」、すなわち自分の強みを他者の強みと掛け合わせるという「共創」**がやりやすくなります。ここまできて「共創体質」の完成です。

本章の冒頭で、「グループ会社とは言うけど、チーム会社とは言わない」という話がありました。あれはおそらく、シナジーがないコラボだということを表しているのではないでしょうか。シナジーというのは相「乗」効果のことなので、まさにこの加減乗除の「乗」だと思うのですが、世の中の「グループ会社」は、「この分野の発注をするときはグループ間で行うこと」というような「足し算」的な「集客目的のコラボ」が多いということなのかもしれません（そうではないかもしれませんが）。

最後のステージの「除」とはどういうことか。共創体質になって、他者と一緒にいろいろなプロジェクトをできるようになってくると、仕事のボリュームが増えます。結果、一つのプロジェクトに割ける時間が少なくなって、どれも中途半端になってくるということが起こりがちです。その場合に、引き算ではなく割り算のイメージで、**「自分が強みとする作業を一つやっていると、それが自分の関わるすべてのプロジェクトを同時進行させることができている状況をつくれる」のが「除」のステージです。**

私の場合でいえば、「Eコマース経営者や店長で集まって、みんなで面白い商売スタイルを実践してみるコミュニティ」を主宰する活動が、いまはそれにあてはまります。

そのコミュニティをやっていると、この本のような「出版プロジェクト」のネタをつくっていることにもなるし、岐阜・佐賀・宮崎県庁とコラボしている「県内のEコマース企業を盛り上げるプロジェクト」も前に進んでいることになるし、楽天として「Eコマースを通じて全国の中小企業に元気になってもらうプロジェクト」も進んでいることになるし、ファシリテーターとしてコミュニティづくりやチームづくりの実践知を集めていることにもなる、そんなイメージです。複数のプロジェクトに共通する「公約数」となる作業を探すわけです。

共創のルール「強みしか発揮してはいけない」

フォーミングなグループでよく見られるルールの一つに「当番制」があります。「平日の学校行事の受付当番」や「児童スポーツクラブの遠征試合の引率当番」などが典型です。「全員に当事者意識を持ってもらいやすくする目的」の当番制もありますが、多くの場合は「運営上やらなければいけない作業をやるための犠牲を公平に分担する目的」と思われます。

これが結構しんどいわけです。なぜなら、「平日は仕事があって時間をつくるのが難しい人」も「休日が忙しい人」も「受付のような仕事がニガテな人」も「大勢の子どもと接するのがニガテな人」も、すべて「公平」に当番が回ってくるからです。ニガテな人にとっては、当番をやるために「ほかの人よりも大きな犠牲」を払って任務を果たしていることになります。形式的には平等でも、実質的には不平等な状態。フォーミングで、お互いの強みがわからないからそうなるのです。

メンバーがそれぞれ強みを活かしている「鶏ちゃん合衆国」の事例と比べると、正反対といえます。

「私は平日の受付ならいくらでもやるけど、引率は誰かにお任せしたい」とか「平日は難しいけど、休日の引率は大好き」という人がいるなら、それぞれが「自分の得意なこと、自分にとっては犠牲（コスト）を感じないこと」をやるほうがハッピーです。

その点、共創するときのルールというか、合言葉として私がいつも使っているのが、

「強みしか発揮してはいけない」

です。これはどういうことでしょうか。

ここまで「強み」という言葉を使ってきていますが、「強み」の定義としては、**「他者が同じことをやるときに自分よりも高いコストをかける必要があるもの」**と考えています。

コストというのはお金（経済的コスト）だけではなくて、時間的コスト、肉体的コスト、頭脳的コスト、精神的コストのすべてを含めた意味合いです。ほかの人よりも低コストでできて、高いパフォーマンスを出せるものが「強み」です。

たとえば、「アイデアを100個出す作業」「請求書を100通つくる作業」「知らない人100人と名刺交換する作業」について、それぞれイヤイヤやらなければできない人

と嬉々としてやれる人がいます。精神的コストを感じることなく、嬉々としてやれるのが強みです。

風邪をひいて頭がぼーっとしているときでもできてしまうことも、強みです。

強みを発揮できているときは楽しいし、自分にとっては簡単だし、自然体でできています。高いパフォーマンスも出て喜ばれるので、結果的に儲かりもする、という状態です。

「強みしか発揮してはいけない」というルールがあることによって、自分の得意なことと二ガテなことをみんなに表明しやすくなります。フォーミングが進むわけです。

その上で、「自分の凹は他人の凸を活かすためにある」と考えます。多くの人は、凹を埋めようと努力をしたり、ニガテなことをガマンしてやったりしがちですが、それは「誰も得意な人がいないと判明したとき」の最終手段です。

凹を表明することには抵抗を感じる人がいるかもしれませんが、凹が明確になることでコラボのオファーを受けやすくなります。「そこがニガテなら、私が得意なのでお手伝いしましょうか?」と言ってもらいやすくなるわけです。なので、凹は積極的に開示をしていって、「誰かこれができる人いませんか」と呼びかけていったほうが、人が集まりやすく、コラボが成立しやすくなっていきます。そして、凹を埋める努力をする代わりに、自分の凸に磨きをかけていくことで、コラボがさらにうまくできるようになっていきます。

そのような意味で、**他者から見て凸と凹がハッキリしている状態をつくることが、共創体質としては大切**になります。

先日、楽天市場で商売をしている人たちが集まったバーベキューに参加したときのことです。

お肉屋さんが牛肉を持ってきて焼き、鶏肉屋さんが焼き鳥を焼き、梅酒屋さんが梅酒をふるまい、コーヒー屋さんがコーヒーを淹れ、スイーツ屋さんがチョコレートを配るという、ぜいたくな会になっていました。「食材的な強み」を持っていない人は、キャンプ好きな人がキャンプ用のテーブルとイスとコンロを持ち寄り、幹事的強みを持った人が最初の人集めと会計をやり、手の空いている人がビールの買い出しにいき、サッカー好きな人が参加した子どもと一緒にボールを蹴っていました。

片付けしているときに、メンバーの一人が笑いながら、「この人たち、強みしか発揮してないわ〜」と言いました。「誰もがんばってないのに、おいしくて、楽しくて、しかも安上がりだよね」と。

まさに、全員が強みを活かしたコラボが大きな価値を生み出し、全員が感謝され、全員が儲かった（コスト以上のベネフィットを得た）という出来事でした。

このように、共創する際は、「自分にとってはコストを感じずに大きな価値を生み出せる形で参加していること」に意味があります。自分にとって強みを発揮できていない形、すなわちガマンしながら犠牲を払う形で参加すると長続きしません。

さらに、震災のボランティアなどにおいては、強みを持ち寄る形で活動をしていたとしても、経済的コストや時間的コストなどの面で無理をして参加していると、だんだんしんどくなってきて続けられなくて、結局やめてしまわざるを得ないということがあります。「強みを持ち寄る」だけでなく、「強み【しか】持ち寄ってはいけない」と考えると長続きしやすいスタイルを着想しやすくなります。先のバーベキューは、きっとまた次回も開催されることでしょう。

プロジェクトコマースとは

ここまでのところを概念的にまとめてみます。

コンセプトとしては、「プロジェクトのビジョンを共にする仲間と、一緒に成長しながら進んでいく商売のスタイル」です。

ポイントがいくつかあります。

●ビジョンや志・理念を共有していること、共鳴し合っていること。

●みんなが同じ方向を向いていること。「売り込む側と売り込まれる側」や「お金を払う側が強い」といった関係性ではなく、「あのビジョンはどうやったら実現できるかな」と同じ方向を向いている関係性。

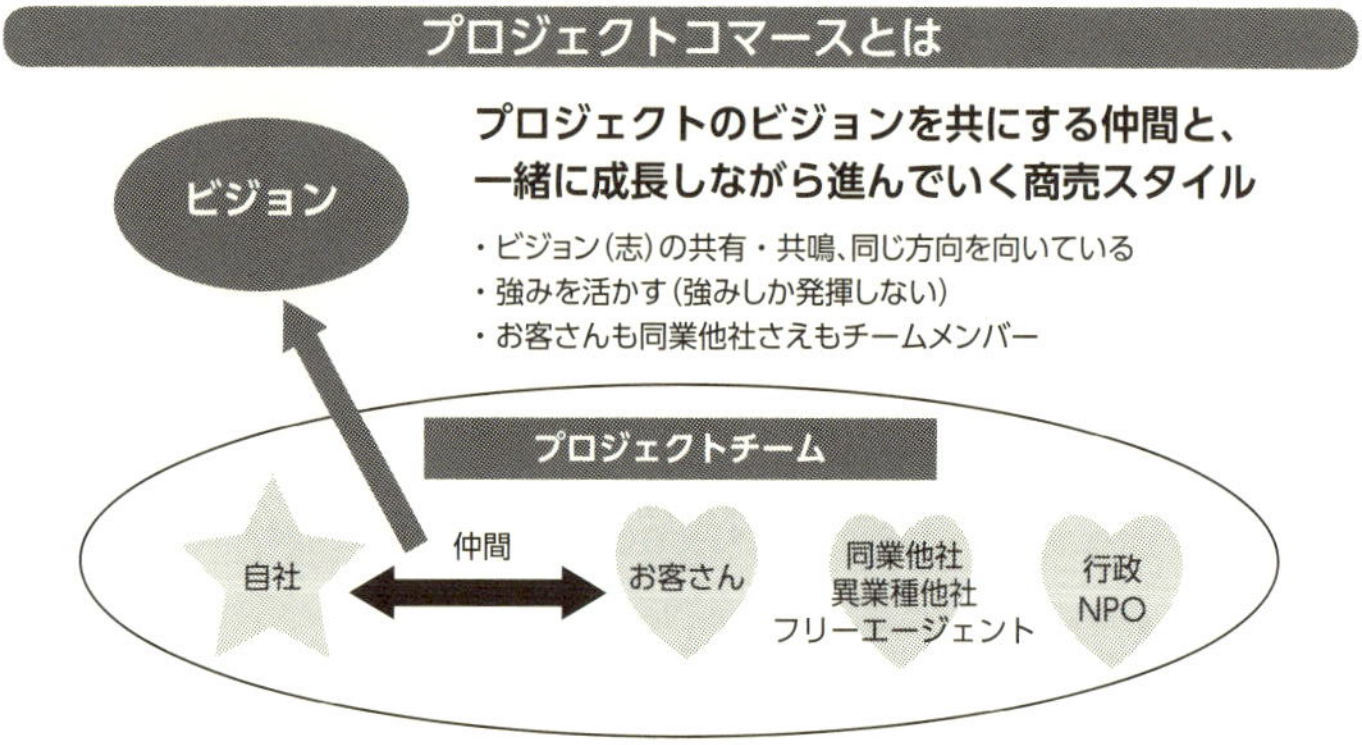

プロジェクトコマースとは
プロジェクトのビジョンを共にする仲間と、
一緒に成長しながら進んでいく商売スタイル
・ビジョン(志)の共有・共鳴、同じ方向を向いている
・強みを活かす(強みしか発揮しない)
・お客さんも同業他社さえもチームメンバー
ビジョン
プロジェクトチーム
自社
仲間
お客さん
同業他社
異業種他社
フリーエージェント
行政
NPO

- **したがって、お客さんもチームのメンバーになり得るし、同業他社とさえもチームになり得る。**
- **それぞれのメンバーが強みを活かしていること。強みしか発揮していないこと。**

このようにプロジェクトチームをつくることで独自の価値を生み出し、紡ぎ出された関係性の中を商品・サービスが流れるというスタイルを「プロジェクトコマース」と呼んでいます。マーケティングとチームビルディングが融合・統合した、新しい商売の形です。

●マーケティング3・0、チームワーク3・0、Eコマース3・0

さらに理解を深めるために、こういったスタイルが出てきた流れを「マーケティング3・0」の概念とも絡めながら、俯瞰的に整理しておきましょう。

コトラー氏によると、「マーケティング1・0」は製品が中心の考え方です。「価値あるモノ」をつくり、いかに売れる価格でお客さんのもとへ流通させられるかがテーマでした。

このとき求められるチームワークを考えてみましょう。製造・卸・小売りといった業

マーケティング3.0、チームワーク3.0、Eコマース3.0

	マーケティング	チームワーク	Eコマース
1.0	製品中心	分業と統制 ●効率化システムとしての組織	エレクトロニックコマース ●自動販売機
2.0	お客さん中心	会社全体としてのチーム ●分業から統業へ	エンターテインメントコマース ●究極の対面販売
3.0	人間中心 理念中心	会社の枠を超えたチーム（共創） ●チームづくり、コミュニティづくり ●営利、非営利、フリーエージェント	エンパワーメントコマース ●社会的プロジェクト型商品 ●コミュニティの核になる

態をはじめとして、分業することで効率化し、分業化されたプロセスを組織全体としてコントロールしていくのがチームワークの課題でした。ここでいう組織とは、「効率化のためのシステム」という意味合いが濃くなっています。

それらの努力の結果として市場にモノが行き渡ると、流通させるだけでは売れなくなります。そこで、「マーケティング2・0」でお客さん中心の考え方にシフトして、いかに顧客満足度を高め、選ばれる存在になるかがテーマになりました。

チームワークの視点としては、分業化が進み過ぎると、サービス低下の弊害が出てきます。たとえば、お客さんから質問や要望を受けたお客様相談室の担当者が「私の判断だけでは何とも言えませんので、製造部門に確認して折り返します」「製造部門の問い合わせ窓口へご連絡ください」のようなことが常態化します。そこを改善し、さらには感動を提供できるようなサービスまで磨き上げるにはどうすべきか、というのが課題になります。したがって、会社全体としてストーミングの谷を越えた「チーム」になれるかどうかが大事になります。効率を目指して分業化したことによって生まれた「部門間フォーミング状態」を統合していく、「統業」とでもいうべきアクションがテーマになる時代です。

しかし、それらの努力の結果として価格競争をはじめとするサービス競争が激化したわけです。しかも、モノもサービスも行き渡ったはずにもかかわらず、世の中はハッピーになるどころか世界的な経済危機や社会問題、環境破壊といった混迷の時代になっている。そこで、「マーケティング3・0」になって、価値の基準が人間中心や理念中心にシフトしているといいます。

チームワークの視点でいうと、理念を中心として「会社の枠を超えたチーム」をどうつくるかが課題になります。いかにチームやコミュニティをつくって「世界をよりよい場所にする」ための価値を生み出すか。チームのメンバーも、営利団体だけでなく非営利団体もあれば、フリーエージェント（個人事業主）などが集まって組織をつくる形のチームワークです。この本のテーマの「共創」はまさにこの部分を扱っていることになります。

この「マーケティング1・0」から「3・0」までの流れは産業革命以降の変遷ですが、私が身を置くEコマースの世界では、1990年代後半からの20年ほどでこの変遷をなぞっているような現象がみられます。

そこで、「Eコマース3・0」というコンセプトを考えてみました。

「Eコマース1・0」は、文字通りエレクトロニックコマース。「リアルの商売をネットに置き換えていく」というステージです。ネットで注文ができる自動販売機的なシステムをつくっていきます。提供する価値は「便利さ」です。どこで買っても変わらない本や家電のような商品なら、欲しいものが決まってさえいれば家まで届けてもらえるようになりました。

しかし、いわゆる型番商品ではない「自家製の卵やスイーツ」のような商品は、カタログをネットにアップしておくだけでは売れません。また、型番商品もカタログ的な情報だけでは価格の安い順に並べ替えられてしまうので、最安でなければ売れません。

そこで「Eコマース2・0」として対面販売型スタイルのお店が出てきます。お客さんとのコミュニケーション（接客）に力を入れて、「ネットで買うのは楽しい」と思ってもらえるような価値をつくれるかどうかが大事になる「エンターテインメントコマース」というステージです。お客さんとのコミュニケーション量が増えるうちに、質に転化します。「あなたのおかげで人生が楽しくなりました」というメールが届くようになり、「自分たちの商売は世の中を元気にする役に立てている」という気づきが生まれ、確信に変わり、理念に昇華します。

それが「マーケティング3・0」の流れと相まって、ネットでも人間中心・理念中心になったのが**「Eコマース3・0」の「エンパワーメントコマース」**です。

お客さんや関わる人たちが元気になれるような価値を売っています。「つくえ、つくろう。」「学校建設オークション」「ネコ祭り」「こども夢花火」といった事例のような社会的プロジェクト型の商品がその典型です。

また、そのプロジェクトをやっている人（プレイヤー）がコミュニティの核になっていき、そのまわりに集まる人がチームをつくって新たなプロジェクトを実現していくステージです。

このように流れを俯瞰的にとらえておくと、「競争から共創へ」というコンセプトの位置づけもよりハッキリしてくるはずです。

概念的な部分を把握したところで、具体的にどういうアクションを取っていくことになるのかを考えていきましょう。

●顧客増大サイクルから仲間増大サイクルへ

これまでの商売の成長サイクルを表わす「顧客増大サイクル」と呼んでいるものがあります。

スタートはまず「集客」から。ネットショップの場合でいえば、「入り口を増やすこと（入り口の数）」と「見つけてもらいやすくすること（入り口の質）」です。

入り口を増やすというのは、世の中に自分のお店へのリンクを何個増やせるか。見つけてもらいやすくするというのは、同じく一つの入り口があるとはいっても、たとえば検索で何ページ目に表示されるかで大違いなので、入り口の質を高めることです。

成長サイクル「顧客増大サイクル」

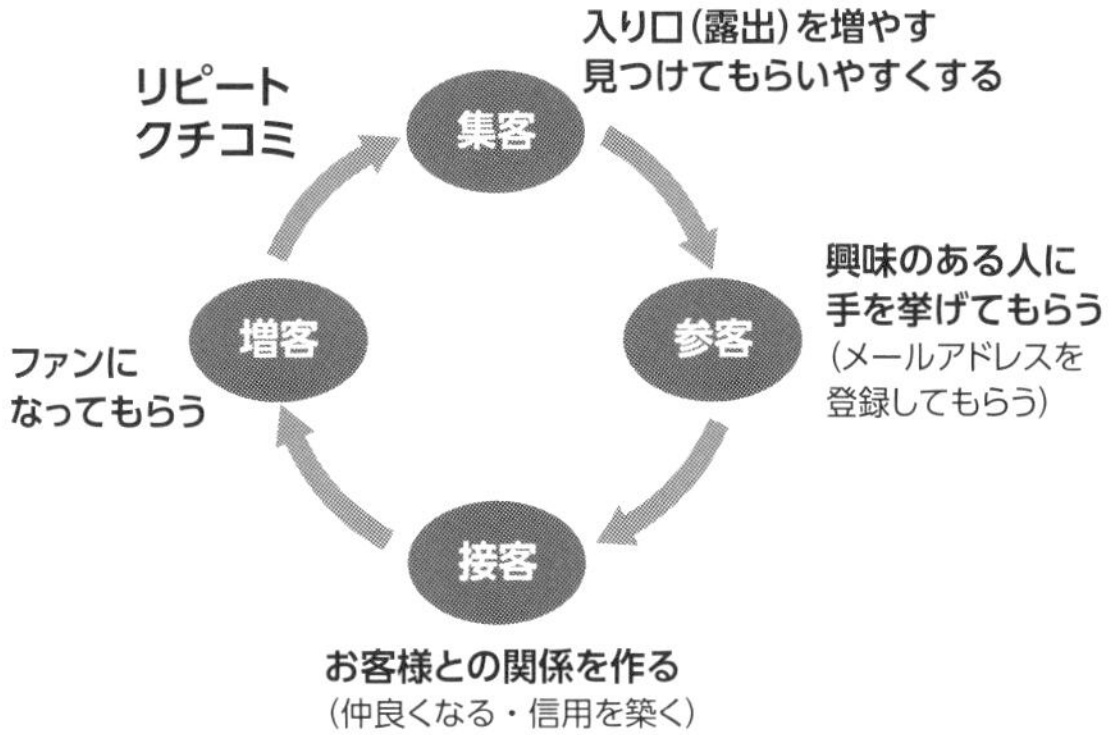

集客によってアクセスしてくれた人がいても、そのまま何もせずにお店のページから出ていってしまわれると手の打ちようがありません。そこで、注文の手前でも何らかの形でボタンをポチっと押してもらえるような企画を用意しておくことが大事、というのが「参客」というステップです。

プレゼントに応募してもらう、SNSでフォローしてもらうなどが典型です。興味のある人に手を挙げてもらうことが目的です。

その後、メールやSNSで「接客」をして、お客さんとの距離を縮めていくうちに、買ってくれる人が出てきます。

商品を気に入ってくれる人や、お店のことが好きだというファンが出てくることを

顧客増大サイクルから「仲間増大サイクル」へ

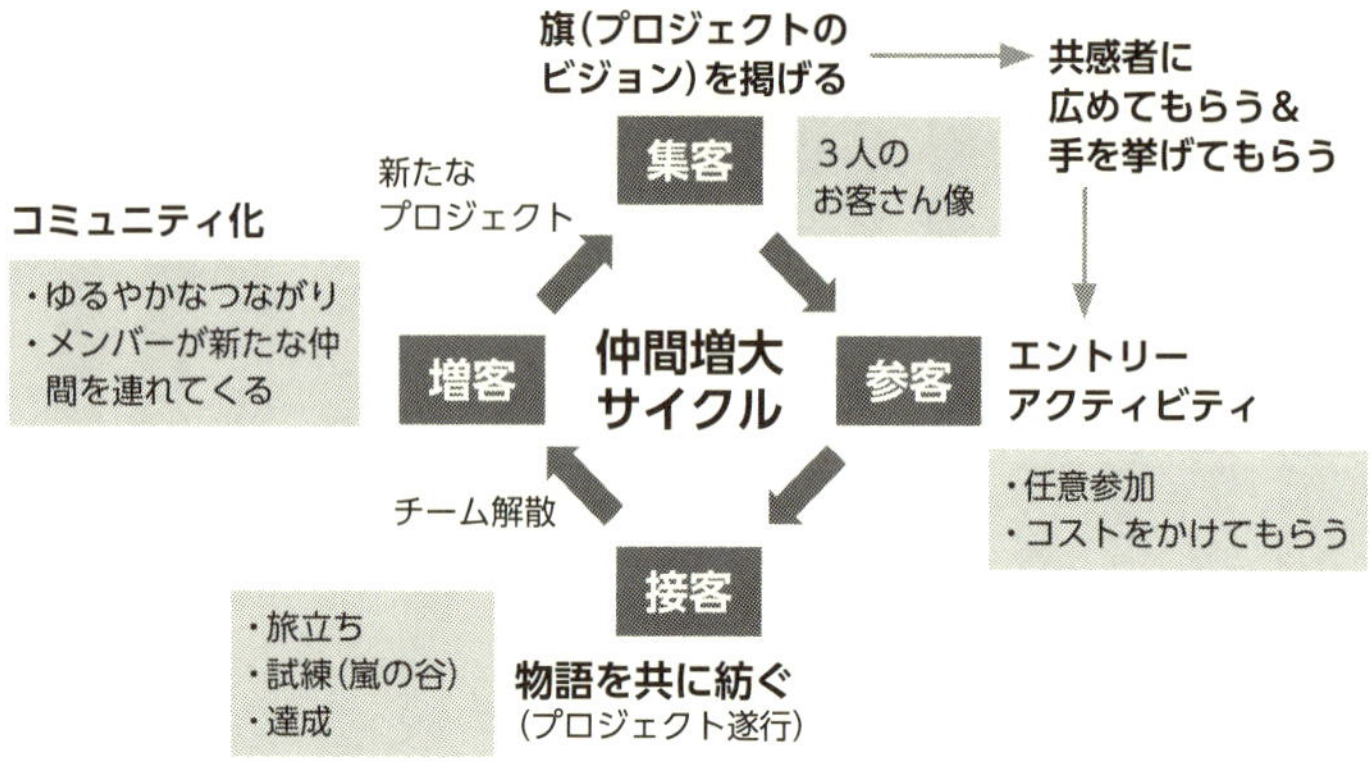

「増客」と呼びます。その人たちがリピートしてくれたり、クチコミしてくれたりして、新たな「集客」につながっていくというのが「顧客増大サイクル」です。

この「顧客増大サイクル」が共創の時代になると、「仲間増大サイクル」にバージョンアップします。

まず「集客」に該当するのが、「旗」を掲げること。「かくれんぼする者、この指とまれ！」と**プロジェクトのビジョンを掲げる**わけです。そうすると、興味を持った人が集まってきてくれたり、共感した人がSNSで広めてくれたりする。

「参客」に該当するステップでは、集まっ

てきてくれた人がエントリーするときに、**あえてハードルになるようなアクティビティを用意する**ようにします。それによってストーミングの谷を一緒に越えられる人かどうか、お互いに見極めやすくするためです。

ポイントは二つあって、「任意参加」と「コストをかけてもらう」こと。

強制参加の人だとストーミングになったときに空中分解の可能性が高くなるので、基本的に任意参加であることが重要です。

次に、お金・時間・手間などのコストをかけてもらうアクティビティをやることで、本気ではない人が来なくなります。

また、パズルのピースのレベル感を揃える意味でいうと、レベルが違いすぎる人が事前にわかるようなアクティビティを企画しておく。要するに、仲間になるかどうかを決める前に「ぷちストーミング」できるようにしておくわけです。

その「ぷちストーミング」で一緒に谷を越えられた人とともにプロジェクトを遂行していきます。プロジェクトには「旅立ち（フォーミング）」があって、「試練（ストーミング）」があり、「達成（ノーミング）」があります。そうやって物語を共に紡いでいくのが「接客」に該当することになります。

達成した後、チームは解散します。グループが解散するとバラバラになりますが、チームが解散するとコミュニティができます。信頼でつながった緩やかな関係性がそのあとも続く。その緩やかなつながりの中にテーマがあります。かつて「ネコ祭り」のプロジェクトを共にしたチームのメンバーであれば、「猫の殺処分をなくしたい」というテーマでつながっているわけです。そうすると、**コミュニティのメンバーがそのテーマに共感する人、興味ありそうな人を連れてきて、コミュニティのメンバーが増えていく**ということが起こります。それが「増客」のイメージです。

「猫の殺処分をなくしたい」と一人で思っていても仲間は見つかりにくいですが、コミュニティができていると、「こんなネコ関連プロジェクトをやりたい人、この指とまれ！」と言ったときに、「入ーれーて！」と手を挙げてもらいやすい環境ができていることになるので、次のプロジェクトが立ち上がりやすくなります。

そうやってサイクルがぐるぐる回っていって、仲間がどんどん増えていきます。プロジェクトを掲げ、仲間が集まり、試練を乗り越えて達成し、解散してコミュニティに戻っていき、そこからまた新しいプロジェクトが立ち上がる、というサイクルです。

第1章で「コミュニティとチームは似て非なるもの」と書きましたが、その関係を深掘りすると、こういうことになるのです。

●ペルソナは3人必要になる

「仲間増大サイクル」で集客にあたる「旗を掲げる」ステップで、メッセージをデザインするための視点が一つあります。

「3人のお客さん像」をイメージすることです。

対象となるお客さん像（ペルソナ）を考える場合、従来は、自分たちのメッセージに共感してくれて、よいお客さんになってくれそうな人は誰か、をイメージして設定すると思います。

その点、「南三陸町こども夢花火」のプロジェクトをお手伝いさせてもらったときに、「お客さんは3人必要だな」と思いました。どういうことでしょうか。

一人目は、ページを見た瞬間に「これは素晴らしい企画だ」と共感してくれて、積極的にシェアしてくれたり、買い支えてくれたりする人。いわゆるよいお客さんです。

二人目が、パッと見るだけではピンとこなくて読み飛ば

対象となるお客さん像は、3人必要

3人のお客さん像 → 軸は「共感するかしないか」

① すぐ共感して、シェアしてくれる人
② ちゃんと伝われば共感してくれる人
③ 共感せず、批判してくれる人

例）こども夢花火

しそうな人。でも、ちゃんと話を聞いてくれたら「それはよい企画だから応援するよ」と言ってくれるような人です。そのような人を念頭に、「読み飛ばされないようにするにはどういう伝え方が必要か」と考えることで、共感者の裾野が大きく広がるはずです。

三人目は、どれだけ説明しても納得しない、共感しない人。こども夢花火でいえば、震災から半年も経っていない8月に開催しようというプロジェクトなので、「まだインフラも復旧していない状態なのに、優先順位が違うだろう。考えが浅はかだ」と思う人がいて当然です。そういう人がもしページを見たときに、不愉快な気持ちになってしまうのは本意ではありません。そこで、「共感できない人」でも、そのページに書いてあることを読んでいったときに、

「こういう理由で共感できない方もいらっしゃると思います。でも、私たちはそれをわかった上であえて今やりたい理由があります。子どもたちが大人になったときに『あのとき大人はがんばってくれたな。自分たちも誰かのためにがんばろう』と思ってくれたら。10年後の花を咲かせるために、どうしても今やりたいのです」

といった形で想いがきちんと書いてあれば、「そこまで考えた上でのことなら、価値観が

違うんだから仕方ない」のように、不必要に不愉快な思いをさせなくても済むかもしれないと思ったわけです。

このように「理解できない人の立場も尊重している」ということを示すのは大事だという意味で、三人目のペルソナは重要だと思ったのです。特に、マーケティング3・0的な「世界をよりよい場所にする」ための活動というのは、**「よいことに共感しない人＝よくない人」というニュアンスのプレッシャーを他者に感じさせていないか、ということに配慮**しておかないと、想いが伝わらずに敵視されたり偽善者扱いされたりすることにもなりかねません。それだともったいないので、伝え方は大事だということです。

●1万円の「イベントスタッフになれる権」を買った人たち

「仲間増大サイクル」の参客にあたるステップのところで、「任意参加でコストをかけてもらう」という話をしました。具体例として、「ネコ祭り」事例の後日談で興味深いエピソードがあります。

「ネコ祭り」は岐阜で開催されたイベントですが、そのあとに「京都でもやりたい」という人が現れて、第二弾プロジェクトも「きびだんご」で立ち上げました。その際、特典の一つとして「京都ネコ祭りのイベントスタッフになれる権」を用意しました。

その価格がなんと、1万円。

そして、わざわざ1万円を払ってスタッフをやるという「特典」を買った人が15人も現れました。そのうちの7人が当日、京都へ集合。遠方から参加した人もいました。なお、残りの8人は寄付のような気持ちで買ったようです。集まった7人は、雨天でずぶ濡れになるのをなんらいとわず、すばらしい働きを見せ、まわりから「神セブン」と呼ばれたといいます。これはまさに「仲間を募るハードルを上げると本気の人たちしか集まらない」という好例です。

「スタッフになれる権」という特典が10,000円で！

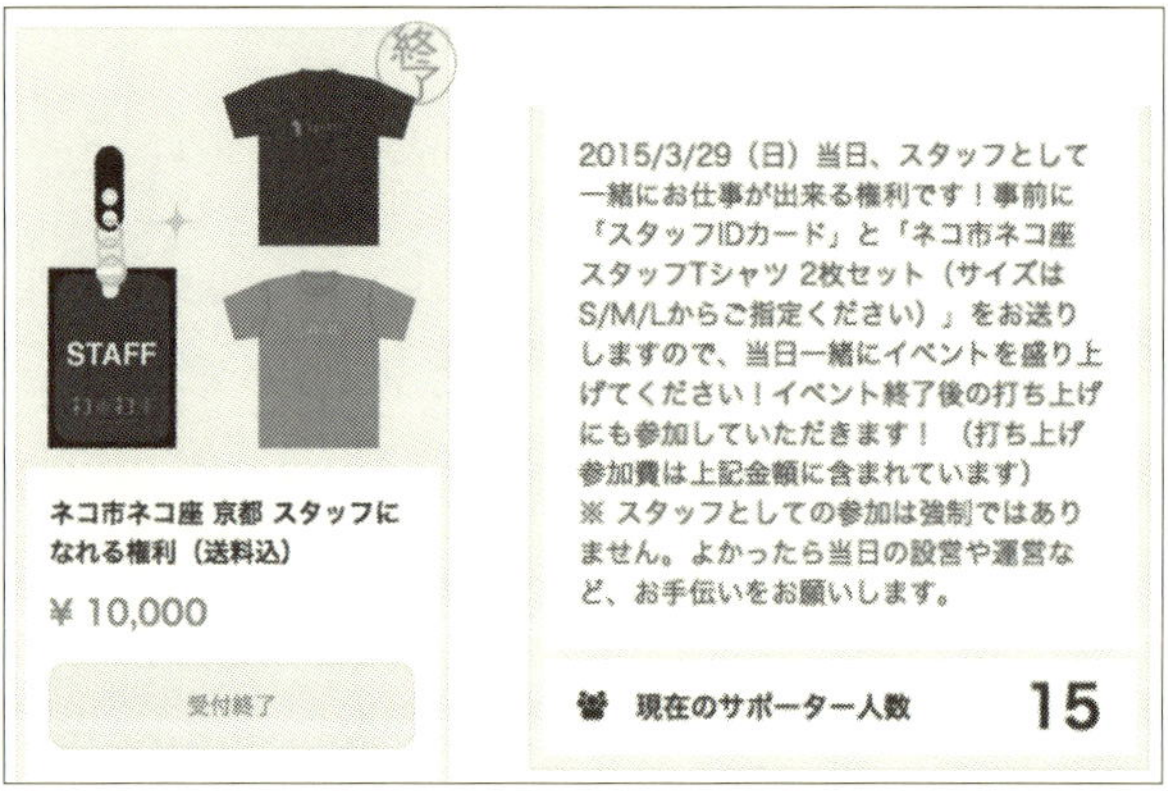
終了
STAFF
ネコ市ネコ座 京都 スタッフになれる権利（送料込）
¥ 10,000
受付終了
2015/3/29（日）当日、スタッフとして一緒にお仕事が出来る権利です！事前に「スタッフIDカード」と「ネコ市ネコ座スタッフTシャツ 2枚セット（サイズはS/M/Lからご指定ください）」をお送りしますので、当日一緒にイベントを盛り上げてください！イベント終了後の打ち上げにも参加していただきます！（打ち上げ参加費は上記金額に含まれています）
※ スタッフとしての参加は強制ではありません。よかったら当日の設営や運営など、お手伝いをお願いします。
現在のサポーター人数
15

●「商品愛」の時代、再び。

この章の最後に、「EC1・0」から「EC3・0」までの遷移をまとめてみます。

「EC1・0」は、楽天市場がスタートした1997年からをイメージしています。その頃に活躍が目立っていたお店の特徴としては、ネットに活路を求めてネットショップを始めた中小企業の経営者または店長が、自分の商品のよさを熱く語るようなスタイル。お客さんから届いた3行の問い合わせメールに対して30行くらいの想いのこもった返信を送るなど、商品愛が強くて、「自分の売りたいモノ」を売っている人です。

「EC1・0」時代は、まだ「ネットで買い物なんて不安」と思われていたので、「お店の人」を信用してもらってようやくモノが売れていくという時代でした。そのため、熱い語りで「顔の見える」店舗運営スタイルのお店がファンを増やし、伸びていったのです。

それがECの成長とともに、「ネットで買えるなら、ネットで買いたい」というお客さんが増えていきます。お客さんが買いたいモノをたくさん並べた上で、いかに「ネットで買い物するのは楽しいね」と思ってもらえるか、エンターテインメントを感じてもら

「商品愛」の時代、再び。らせん的発展モデル

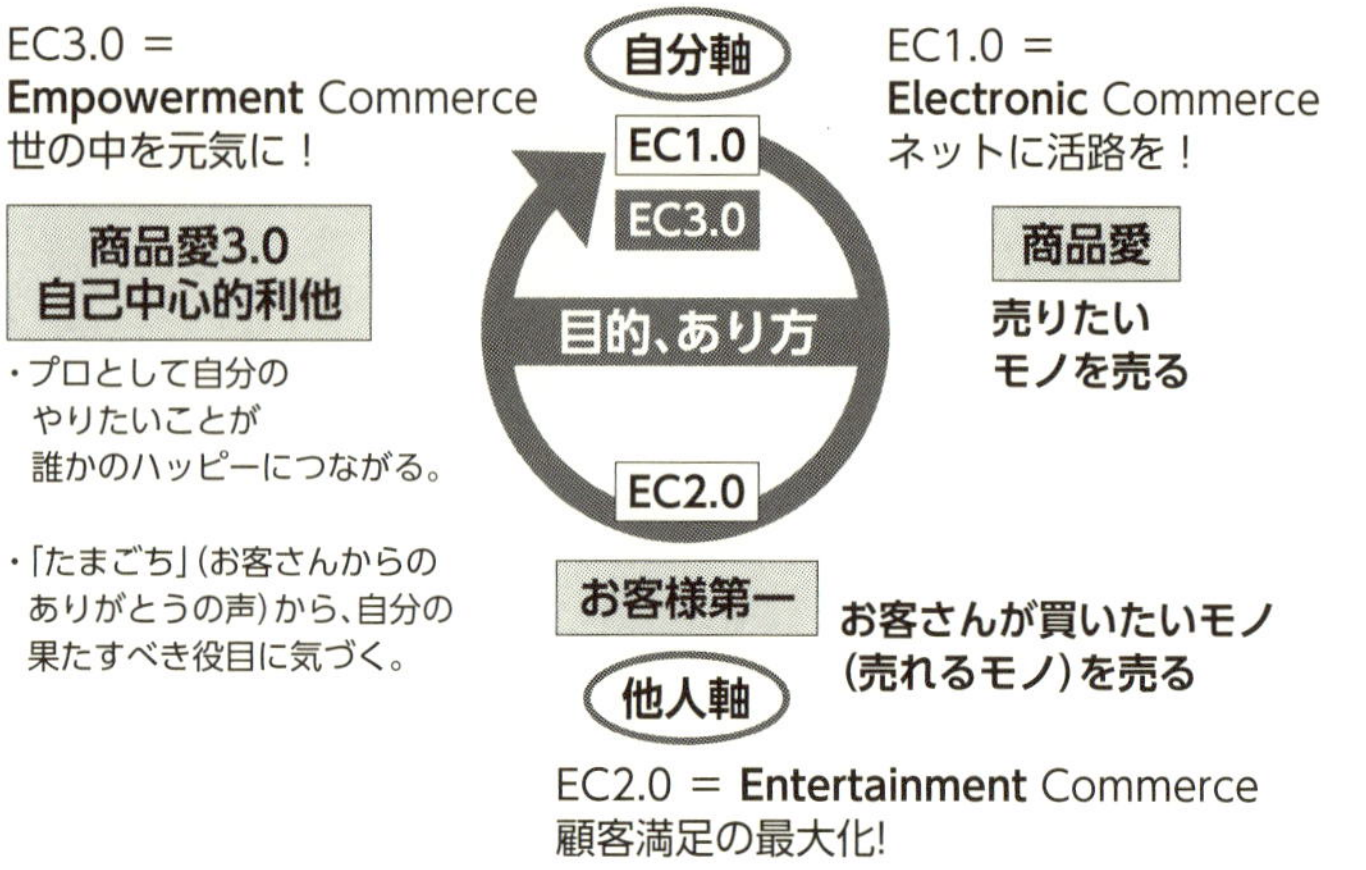
EC3.0 =
Empowerment Commerce
世の中を元気に！
商品愛3.0
自己中心的利他
・プロとして自分のやりたいことが誰かのハッピーにつながる。
・「たまごち」（お客さんからのありがとうの声）から、自分の果たすべき役目に気づく。
自分軸
EC1.0
EC3.0
目的、あり方
EC2.0
お客様第一
他人軸
EC1.0 =
Electronic Commerce
ネットに活路を！
商品愛
売りたいモノを売る
お客さんが買いたいモノ（売れるモノ）を売る
EC2.0 = Entertainment Commerce
顧客満足の最大化!

えるかという、「お客さん第一」を考えるお店が大きく伸びたのが「EC2・0」時代です。「顧客満足の最大化」がテーマとなりました。

わかりやすい例でいうと、干物屋さんがファンになったお客さんから、「あなたのお店が好きだからもっと買い物をしたいので、買えそうなものを増やしてほしい」と言われるようになります。「では、知人がおいしいスイーツを扱っているので仕入れます」と品ぞろえが広がっていくような進化が、多くのお店で見られました。

物事の進化は、直線的ではなくらせん状に起こるという考え方があります。これを「らせん的発展の法則」と言い、

それにあてはめてみると、右ページの図のようになります。らせんを上からみたものを時計に見立てると、12時と6時のところに対極となる「軸」があります。

12時にあたる「EC1・0」時代は、「自分が売りたいモノを売る」という【自分軸】でやっていたのが、対極の「EC2・0」時代は【他人軸】になっています。「お客さんからほしいと言われたモノを売る」という意味合いです。

このらせんがグルっと一周したときに「EC3・0」になります。らせん階段でいうと、「1・0」が1階で、「3・0」がその真上の2階です。ワンフロア上がって「発展」しているとともに、一周まわってスタート地点と同じ12時地点に戻ってきたので「原点回帰」するような現象が起こります。再び「自分軸」に戻るわけです。どういうことか。

「EC2・0」で、顧客満足の最大化をテーマにお客さんとコミュニケーションを深めるうちに「ありがとう」の声が届くようになります。その「ありがとう」のなかから、「自分の仕事はこういう形で社会の役に立っているのか」という気づきを得られる瞬間が訪れます。または、「学校建設オークション」の八木さんのように、テレビでガーナのカカオ農園における児童労働問題を見て、自分の仕事と社会問題のつながりに気づきます。
その結果、理念やプロジェクトのビジョンが明確になって、「EC3・0」へとシフトしていけるようになるのです。

プロとして営んでいる仕事の中で、「自分がやりたいこと」が誰かを元気にし、世の中の役に立つ。これが「エンパワーメントコマース」です。

自分がやりたいこと、得意なことをやっていると他者が喜んでくれるという状態を「自己中心的利他」と呼びます。「自分軸」がテーマになる12時のところで、「EC1・0」の「商品愛」がらせんを描いて発展的復活を遂げ、世界をよりよい場所にする「自己中心的利他」に進化するのです。

これが「EC1・0」から「EC3・0」への変遷です。

抽象的な概念はなんとなくわかったとしても、第一歩を踏み出せなければ何も起こりません。

というわけで、次章では、「最初の一歩はどうしたらよいのか」を考えていきましょう。

第4章

共創のベイビーステップ

―お客さんと遊ぶ

「何から始めたらよいかわからない問題」勃発

序章の冒頭で、「商品をコピーされて面白くない」と嘆いていた社長さんが、フェイスブックで続けてこう言いました。

「学長（筆者のこと）の話は本当に面白いと思うけど、ハードル高いよぉ」と。

この本と対をなす前著『あのお店はなぜ消耗戦を抜け出せたのか』（小社刊）でも多くの事例を紹介させてもらっているのですが、それらの事例をマネしようにもマネできないと。

「事例のお店が突き抜けすぎていて、何から始めたらよいかわからない問題」の勃発です。

この問題を何とかしたいというのがこの章の目的となります。

同様の「事例が参考にならない」という声を何人かからもらっているうちに、ある共通点が見つかりました。それは、「2003年以降にネットショップを始めた店長さんが多い」ということです。それが何を意味するかというと、**「お客さんと遊んだことがない」**方たちなのです。

２００2年くらいまでにネットショップを始めた人は、お客さんに持たれているイメージが「ネットショップ＝うさんくさい」だったので、まずは自分のことを理解してもらわないとモノが売れていかなかったわけです。または、そういう話を「定石」として聞く機会が多かったため、お客さんとコミュニケーションをとってナンボ、というスタートラインでした。

これに対して、２００3年以降はもうEコマースが全体として軌道に乗っているので、売れるモノを並べたら売れていく状態になっていました。お客さんとコミュニケーションをとる必要は、事務的なやり取りだけでよかったわけです。

言い換えれば、成功体験として「ネットショップとは自動販売機的なものだと思っている人たちが多い」のです。

そこに、「小売業のワナ」とでもいうべき現象が起こります。

その人たちはおそらくネットショップのオープン当初から売れたのです。売れると業務量が増えるので効率化が大事になります。作業の効率化を進めるとともにお金も効率的に回していかなければいけないから、どうしても「売れるモノを売っていく」スタイルになりやすい。そうやって大きくなっていきますが、軌道に乗れば乗るほど「一人ひとりのお客さんを見る」ことができなくなりがちです。

ある講演会で出番をいただいたときに、大きめの会社の方が多かったので「ペルソナはどうやって決めていますか?」と質問しました。想像上のお客さんをペルソナにしている、という人がほとんどでした。

私のまわりにいる商売上手な人、この本に出てくる事例を聞いて「それ、ヒントになる!」と言う人は、お客さんとコミュニケーションがとれているから、「実在するお客さん」をペルソナとしてイメージしています。わざわざ想像上のお客さん像をあれこれ考える必要はないわけです。

そこで、「事例が参考にならない問題」を解決するために、まずは「EC温故知新」をやってみます。お客さんと遊ばないとモノが売れなかった時代、私が楽天に入社した1999年から2002年の楽天市場にタイムスリップして事例をみていきましょう。

●Eコマース温故知新「卵の黄身vs.爪楊枝」

福岡の「筑前飯塚宿 たまご処 卵の庄」では、飼っている鶏の卵をネットで販売しています。店長の畠中五恵子《はたなかさえこ》さんは、「どうすれば、九州にしか流通していないウチの卵のよさをネットで全国の人にわかってもらえるか」という問題意識を持っていました。

ある日、「卵の黄身に爪楊枝が刺さる」という話題が巷のメディアで盛り上がっているのを見ます。卵屋からすると爪楊枝が刺さるのは当たり前だし、箸でつまんでも指でつまんでも破れないのは常識すぎて、伝え忘れていたことでした。そこで、「これならウチの卵を食べたことのない人にも品質のよさをわかってもらえそう」と思い、

「ウチでもやってみました。さて、卵の黄身に爪楊枝は何本刺さったでしょう？」


というクイズ企画をやることにしました。といっても、単なるクイズではありません。

楽天には「闇市」という、商品ページにパスワードを設定できる機能があります。お得意さん向けに安く買えるような特別ページをつくってパスワードをかけ、メールで案内をして「このパスワードを入れてお得に

卵の黄身 vs. 爪楊枝@「卵の庄」さん

闇市機能を応用したプレゼントクイズ
「爪楊枝は何本刺さったでしょう？」

お買い物をしてください」のように使うことを想定した機能です。それを畠中さんはアレンジして、「クイズの答えをパスワードに設定する」というやり方を編み出しました。

「卵の黄身に爪楊枝は何本刺さったでしょう?」という問題を見たお客さんは、正解するまで何度も答えを入力します。パスワードに「16」と入れると中に入れて、プレゼントに応募できます。同時に、爪楊枝が16本刺さった卵の写真を見ることになります。

パスワード欄に16を入力すると、入れる

プレゼント応募のコメント欄を見ると、「こんな楽しい企画は初めて!」「家族と一緒にやって大盛り上がりでした!」といった、**通常のプレゼント企画に比べて遥かに熱い反応が返ってきました**。

●ツノオークション

面白おかしいメルマガが人気でファンの多かったお店が、あるとき、新たに始まったオークションをメルマガで案内しました。

店長さんが同僚から「はい、プレゼント」と牛のツノをもらうところから話が始まります。「レディに牛のツノって」と怒りに震えつつも、「このツノをオークションにかけてみよう」と思いつきます。もし楽天市場の入札ランキングで1位になれたら入札者限定で「メルマガ増刊号」を送ります、という企画です。さらに、落札してくれた人には落札価格相当の商品をプレゼントします、と。

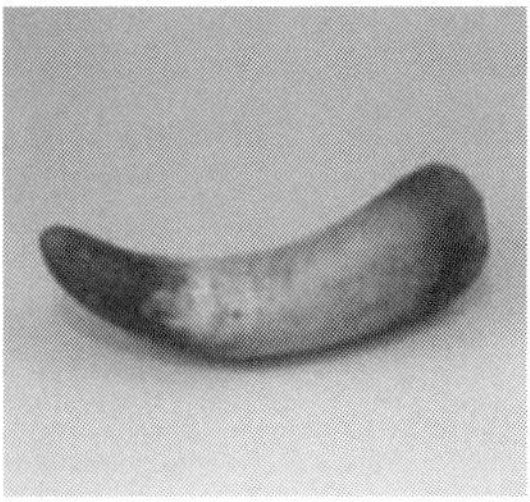

それをまたメルマガで面白おかしく書いてオークションをやったところ、3509件もの入札があり、見事ランキング1位になりました。ちなみに、このオークションページ自体は本当にシンプルで、牛のツノの写真がポンとあるだけ。商品名も「ツノ」だけです。

メルマガを読んでいない人が見ると、どうしてそのオークションが盛り上がっているのか、さっぱりわからないわけです。それでも、ランキング1位になると入札数が伸び、最終的に3万5000円で落札されました。食品ジャンルのお店の客単価は3000円前後のところが多いことを考えると、客単価の10倍です。

なお、この企画に感銘を受けた「卵の庄」の畠中さんが、「マネをしていいですか?」

とお伺いを立て、オッケーをもらって始めたのが「羽根オークション」。「鶏舎に走っていき、目ぼしい羽根を集めてまいりました！」とメルマガで告知をしたところ、こちらも盛り上がり、入札780件、落札価格1万円。

さらに、それを見た北海道のかりんとう屋さんが「ウチは雪をオークションにかけます」といって、雪だるまのかたちの発泡スチロールに雪を詰めたものを出品しました。すると、鹿児島の人が落札して、「ウチの子どもは雪を見るのが初めてだったので、ものすごく喜びました。ありがとうございます」と喜ばれたといいます。

ほかにも、香川県のうどん屋さんが「店長が出張してうどんを打ちに行く権」をオークションに出品。長野県のお客さんが落札しました。後日、出張レポートがページにアップされました。ブログすらない時代です。「これから行ってきます」と朝5時くらいの真っ暗な玄関前の写真でスタート、道中の写真があって、「到着しました」。ピンポンして「ようそよそしい感じであいさつします」からの、うどんを打って、食べてもらって、「おいしい」と感激されて、いろいろしゃべっているうちに仲良くなって、最後はちょっと別れを惜しみながら「さよなら」と言って帰途につき、夜中に家に着く、という一連の流れがアップされていました。その店長さんの人となりがよくわかるコンテンツができあがっていたわけです。

ある魚屋さんは、朝、漁船に乗って獲れた魚を四角い発泡スチロールの箱に入れて写真を撮り、魚の名前と匹数を書いただけのページで「獲れたてオークション」を開催していました。朝にアップして昼には締め切るような短期のオークションですが、継続的にやっていくことでファンがついて、みんなその時間に楽しみに見にきてくれるようになっていました。

楽天初の店舗コラボ「楽天リング」も紹介しておきましょう。

楽天出店者と楽天スタッフだけが見られるクローズドの掲示板で、ある店長さんが「面白い企画を一緒にやりませんか?」と書き込みました。賛同した3人のなかに畠中さんもいて、「闇市で店長の年齢当てクイズをやったらどうでしょう」となり、4店舗コラボで、それぞれのお店を回ってクイズに答えながらプレゼントに応募できる企画をやりました。参加したお客さんからは、「おかげでよいお店を知ることができました」といった声が寄せられていました。

メルマガでのコミュニケーションでも「お客さんと遊ぶ」ことができます。

「卵の庄」のメルマガには、最後に「完読者プレゼント」がついていました。メルマガ冒頭に雑談パートがあって、「昨日は夏祭りがあって、子どもと一緒に行って云々」という感じです。それで最後の完読者プレゼントの案内が、「返信を50番目に送ってくれた人にプレゼントをさしあげます」となっていて、かつ、「返信の件名は『夏祭りの思い出は?』にしてください」と書いてある。

そうすると、**件名を指定しただけなのに、みんな夏祭りの思い出をいっぱい書いたメールを送ってきてくれて、コミュニケーション量が増える**、ということが起こっていました。

「卵の庄」の話が多いのは、私がＥＣコンサルタントとしてお手伝いさせてもらっていたことが理由です。

ちなみに「卵の庄」はその後、２０１４年に「農業の六次産業化」と「女性が活躍する企業」の先進事例として総理大臣が視察にくるような会社となっています。

●「お客さんと遊ぶ」を自分でもやってみた

こうして「お客さんと遊ぶ」ことでファンを増やしていく魅力的なネットショップに

囲まれた環境で、私はEコマースを身につけていきました。

そんなある日、自分でネットショップを立ち上げることになります。

2004年に、Jリーグ「ヴィッセル神戸」のお手伝いとして楽天市場店をオープン。

そこで、自分でも「お客さんと遊ぶ」ことをやってみました。


当時、ヴィッセルには三浦知良選手とイルハン選手という二人の人気選手がいました。

イルハン選手というのは、2002年の日韓ワールドカップのときにイケメン選手としてワイドショーでも話題になっていたような選手。そこで、「人気投票オークション」をやることにしました。各選手のサイン入りユニフォームを一着ずつ、同じオークションページの上下に並べて、「入札数が多かったほうが人気者」というゆるめの企画です。

オープン初月の開催でしたが、結果としてはこうなりました。

	落札価格	入札数
イルハン	4万6000円	160件
カズ	7万3500円	228件

落札価格も入札数もキングカズのほうが多くなりました。入札者をみていると、イルハン選手の入札者は20~30代の女性で、カズ選手のほうが30~40代男性がメインでした。当時、カズ選手は30代後半。入札コメントには同世代からの、「まだ現役でがんばっている姿に励まされます」といったものが目立っていました。

この企画において大事な視点があります。**人には「意思表示をしたいという欲求」があるので、それを満たす遊び場を提供するということ自体が価値になる**、という視点です。

つまり、この企画で入札するということは、「私はこの選手が好きです」という意思表示をしていることになります。自分の思い入れを語る形で参加することで、「自分ごと化」が起こり、お店との関係性が近づきます。このような**双方向のコミュニケーションを繰り返していくと、お客さんとお店の「フォーミング」が進んでいく**わけです。

さらに、ある朝、店長(グッズ担当)の机の上にヴィッセルのマスコットキャラクターのぬいぐるみが置いてありました。「店長、これ何ですか」と聞くと、「来月から売り出そうと思っている商品の試作がきた」のだと。

「これどうするんですか?」

「いや、別にどうもしないけど」

「オークションに出すのはどうでしょう?」

「試作品なのに?」

「試作品だからオークション向きなんです。世界に一つのレア物ですから」


　ヴィッセルのマスコットキャラクターは、ウシの「モーヴィ」。当時はちょうど、ウシとカエルの人形を両手に持っている「パペットマペット」という芸人さんが、知らない人はいないぐらい人気のピークを迎えている頃でした。


「モーヴィがウシということは、カエルがあるとパペットマペットだね」

「じゃあ、カエル買ってこようか」


となって、東急ハンズでカエルのぬいぐるみを買ってきました。そのうち、店長がワル乗りし始めて、ヴィッセルの黒い紙袋に穴を開けて逆にしてかぶって出てきます。

　そうやって企画を考えていく、くだらない(?)やり取りをそのままメルマガに書い

「ぬいぐるみの試作品」をオークションに出してみました

入札数　**188**件
落札価格　**25,555**円

て、「オークションやります」と案内したら、2万5555円で落札されました。

店長が慌てているので聞きました。

「このぬいぐるみ、いくらで売る予定なんですか?」

「2000円くらいなんだけど……」

結局、店長がオマケとして試合球を1個入れて送ったら、落札したお客さんから飛び上がらんばかりの喜びのメールが返ってきた、ということがありました。

これまでのことから、「お客さんと遊ぶ」ときのキーワードは、

「動的コマース」

「魅力伝達度＝コミュニケーション量の2乗」

の二つであるといえます。動きのあるプロジェ

クトを企画することで、いかに遊んでもらい、コミュニケーション量を増やせるか。いかにお客さんとフォーミングを進められるかということです。

実際、ヴィッセルでは、お客さんから「ネットショップができてから、試合の日以外にもたくさん買い物をしてしまうようになって困ります（笑）」といったメールが届くようになっていました。

さて、「Eコマース温故知新」をやってみたところで、問題になっている「最初の一歩をどのあたりから始めたらよいのか」に移ります。

●お客さんと遊ぶ、ベイビーステップ

いよいよ「事例のお店が突き抜けすぎていて何から始めたらよいかわからない問題」に取り組む準備ができました。

というわけで、私が岐阜県庁とコラボで主宰するネットショップ向け勉強会で、「オークションで遊ぶ」というお題に取り組んでみました。先ほどの「EC温故知新の事例」をみんなにインプットした上でのスタートです。

その際、一つ重要な心構えとして伝えたことがあります。

オークションは、今のEコマースにおいてあまり活用されていません。というのは、みんな一度はやってみるものの、入札が集まらず、原価割れした落札価格になって「もう二度とやるもんか」と思う、という典型的な失敗パターンがあるからです。またはそもそも一回もやってみたことがないという人も多い。もったいないことです。

そこで、お題に取り組むにあたっては、こう思うのがコツです。

「入札なんて最初から来ないので、有料のプレゼントだと思って開催する」

オークションをやっているお店が少ないということは、オークションに参加したことのあるお客さんも少ないわけです。そんな人にメルマガで「オークション始めました」といっても、未知のオークションに入札することにはハードルがあるので、反応がなくて当然です。それでやる気を削がれては続きません。

その点、プレゼントだと思ってやれば、「プレゼントなのにお客さんがお金を振り込んできてくれた」ということになります。つまり、失敗という概念はなくなるので、自分自身も確実に楽しめるわけです。

そのような流れで取り組みが始まりました。そこで出てきた「ベイビーステップ（小さな第一歩）」としての実践事例を紹介していきます。

ある和楽器店では、「スカイプで三味線のレッスンを1時間受けられる権」を出品しました。

オークションはやったことがないし、しかもこんなマニアックなサービスだと入札する人も限られるので、「入札ゼロも覚悟の上での挑戦」とのことです。

23時59分終了の設定だったのですが、終了直後、講座メンバーのグループにメッセージが入ってきました。

「入札に至らず不落だなと思った23時55分に一件入札が！ やったーと思った直後、落札者がシンガポール人！

いいんですよ、いいんです。日本人でなくても！　でも、日本語が堪能でないとさすがに難しいのは現実です。一応、『日本語はしゃべれますか？』というメールを先ほど送信しました。しゃべれない場合はどうしたらよいでしょうか？」。

講座メンバーからは、「企画の趣旨が伝わってなかったら一時間スカイプでコンサートを聴いてもらったらいいんじゃない？」「いずれにしても話のネタができてしまいましたね」などの声。

するとほどなく続報が。

「先ほど返事が来ました。シンガポール人で三味線を習って一年の方でした。相手の日本語力を測るため日本語のメールを送ったのですが、しっかりした日本語の返事が来ました。そうです。やれます！　やります！　がぜんやる気が出てきました！」。

さらに続報が届きます。

「レッスン無事終了！　シンガポールで唯一の三味線サークルで三味線を楽しんでいる方でした。お互いエールを交換しながら終了しました。素晴らしい出会いでした」。

さらにその後もやり取りが続いているとのことで、「今後も応援してあげたいなと思うお客さんなので、本当にいい出会いでした」とのことです。

あるスポーツ用品店では、独自ルールで「闇オークション」を企画しました。

「ノースフェイスのシューズ26・5センチ」とだけ書いてある覆面画像が表示されています。このままだとさすがに入札しづらいので、3回に分けて少しずつ見える部分を増やしていきました。気になるお客さんからすると、ちょくちょくこのページに見に行くきっかけができるわけです。

あるドライフルーツ店では、「レーズン業務用1箱13・6キロ」を出品しました。ロットが大きいとおすそ分けの形でクチコミが生まれることを狙ったものです。意外にも、100件近く入札が入りました。

このお店は、これまでもオークションを開催してきたのですが、その後、「みかん10キロ」を出品して273件の入札がありました。それまで200件を超えたことがなかったのですが、**お店側が楽しそうに遊び始めるとお客さんも乗ってきてくれる**ということです。

3回に分けてちょい見せ

手ぬぐい専用の額縁を扱うお店では、縁起物という位置づけで「黄色い額縁に、招き猫手ぬぐいを入れたセット」を出品しました。落札価格は、額縁と手ぬぐいを単品で買うよりも高い1万円まで上がりました。しかも、やり取りしているうちに、前に石川県から岐阜県までわざわざ手ぬぐい額を買いに来てくれたお客さんだと判明。店長さんが「その時買っていただいた額を飾った写真も送ってきてくれました」と喜んでいました。

「ネコ祭り」事例で出てきた「ネコリパブリック」では、スタッフさんが「温故知新」の事例を聞いて、「おもしろい。ツノ、羽根ときたら、ウチはアレでいこう」と言って、自宅で飼っているネコの落とした「ヒゲ」を出品しました。落札金額はすべて保護ネコ活動に使われるチャリティーオークションです。

ネコのヒゲは縁起物とされ、ヒゲケースなるものまで売っているらしい、といったことがページに書いてあります。さらに、「自慢のヒゲですがもしかしたら眉毛ということも考えられます。自然に抜けたものですからどこの毛が落ちたのかは不明です。ノークレーム・ノーリターンでお願いします」という遊び心のある注意書きも書いてあります。

結果、3700円で落札されたのですが、後日談がありまして。

そのページを見た猫用品メーカーから「感銘を受けました」と無償でヒゲケースが送

られてきたのです。しかも、好条件で取引してもらえることに。

さらにその半月後には、そのメーカーの人がわざわざ東京から岐阜まで会いに来てくれました。その人は、ネコのヒゲケースを開発した本人で、子どものころからネコのヒゲを集めていたことや、ネコのヒゲケースを作りたいと会社に提案したら取り合ってもらえなかった話をしてくれたといいます。ヒゲがオークションで本当に売れたこと、その出来事を「ネコリパ新聞」で漫画にして載せることを伝えると、感激して涙を流していたそうです。それで、「この人と一緒にコラボ商品をつくりたいと思ったので、やることに決まりました」と。

まさに「共創のつくり方」にピッタリあてはまる展開になったのでした。

お客さんと遊ぶ3つのコツ

お客さんと遊ぶときのコツが3つあります。企画を立案する際の視点です。

①メッセージがある

遊んでくれた人にメッセージが伝わるようになっていることです。ヒゲのオークションでいえば、入札してくれた人に、「私たちは2022年2月22日までに猫の殺処分をなくすために活動しています」というビジョンや理念が伝わっている状態。

②強みを活かす

自分にとっては遊んでいるような企画にすることです。「ネコのヒゲオークションをつくっている間は楽しくてしょうがなかった」とスタッフさんが言っていました。自分にとっては何のコストも感じないし楽しいというのが、強みを活かせている証拠です。**楽しそうな人のところに人は集まります。**

③最初は仲間内でよい

見落とされがちですが大事なポイントです。お客さんと遊ぶ活動は、最初から目に見えやすい成果が出るかというと、そうではない場合がほとんどです。ネコのヒゲでいえば3700円で売れただけ。ページづくりに時間と手間がかかっているわけで、効率を考えると割に合わないアクションです。

人はなぜか「ビジネス」を意識すると、見も知らぬ他人に商品を売ろうと考えますが、「遊ぶ」なら最初は仲間内でよいわけです。わかってくれる人だけで価値を味わって、盛り上がればよいと。「CUOS（キューオス）」という言葉があります。これは「小さく

生んで　大きく　育てる」の頭文字。三木谷社長が楽天市場のネーミングを考えるときに、「楽天市場」と並んで候補の一つにしていたものです。**お客さんと遊ぶ「共創」は小さく生んで、大きく育てていけばよいのです。**

共創チームを生み出す化学反応の起こし方

「ベイビーステップ」としての実践事例をみてきました。

いままで静的コマースのスタイルでやってきて、お客さんと遊んだことのないお店でも、一歩を踏み出してみると何らかの変化が起こる、というよりむしろ、あんなに面白いことが起こり始める、というのが見て取れたのではないでしょうか。

これが上級編になると、第2章の事例群で出てきたクラウドファンディングの仕組みなどを動的コマースのツールとしてうまく使えるようになり、より多くの人との共創ができるようになっていくわけです。

「ネコリパブリック」では、「2015年はプロジェクトを切らさずにやっていく」と宣言しています。「ネコ祭り」のプロジェクトのあとはどうなっているかというと……

第2弾として「京都ネコ祭り」プロジェクトが開催され、結果的には362人が購入者（サポーター）となり、242万円集まりました。

第1弾のプロジェクトの購入者数（254人）に比べると、100人以上も増えています。プロジェクトオーナーの河瀬麻花さんによると、「ほとんどが知らない人だった」といいます。

1回目のプロジェクトも、最初の100人ぐらいまでは知人の割合が過半数だったものの、後半は知らない人が多く、結果的には知人が4割、知らない人が6割の比率でした。それが、2回目はほとんどが知らない人になりました。SNSでプロジェクトを見かけた人が、終了直前に「今日知りました。とても共感したので微力ですが」と支援買いしてくれるといったことが増えたのでした。まさに、小さく生んだプロジェクトが大きく育ちつつあります。

そもそも「京都ネコ祭り」はどういう経緯で生まれたプロジェクトなのでしょうか。

まず、第1弾の「岐阜ネコ祭りプロジェクト」を立ち上げる前に、河瀬さんは、タレントの杉本彩さんが同じような保護ネコ活動をしていると知ります。何の縁もない状態で想いをつづったメールを送ってアプローチした結果、活動にいたく共感してくれて、岐阜のイベントに出てくれるという形でつながりができました。その後、杉本さんが京都市役所の獣医さんを紹介してくれます。その人も熱い想いをもって同様の活動をやっている方で、会いに行くとすぐに意気投合し、「京都でもネコ祭りをやりましょう」ということになりました。

それと並行して、ネコ好きな芸能プロダクション関係の人とつながりができて、「全面的に協力します」ということになり、いろいろなアーティストが京都のイベントに参加してくれることになりました。こうしてどんどん仲間が増えていって、「このメンバーだったらこんなことができるね」とプロジェクトが生み出す「価値」が高まり、コンテンツが魅力的になってきているのです。

そもそもこれらの保護ネコプロジェクトの「共創チーム」はどのように生まれたのかというと、きっかけには私も少しだけ関わっています。

第2章で登場した、クラウドファンディング型ECプラットフォーム「きびだんご」のオフィスに遊びにいったときのことです。きびだんごスタッフのメンバーにそれぞれ「すごくネコ好きな知り合いがいる」ということが判明しました。私の知人が河瀬さんで、ほかのメンバーの知人はネコの情報サイトの運営者と、アカデミックな方面の人だといいます。

「ネコ好きな知り合いを集めて飲み会でもしてみたら、なにか面白い化学反応が起きないかな？　声かけてみましょう」と言って動いたところ、3人とも面白がってくれて、「ネコ有識者会議」という名の飲み会が行われたのでした。

案の定、あっという間に話が盛り上がりました。3人とも、ネコの殺処分問題については現状を憂えていることがわかって一気に熱量が上がり、そのあとは「フレーメン現象って知ってる？」「知ってる知ってる！」「あのときのネコの顔、こんな顔だよね」などと、私には聞いたこともないマニアックな話題が飛び交っておりました。

その場では具体的にやることは決まりませんでしたが、その後、SNSのグループで情報交換している間に、河瀬さんは保護猫カフェを立ち上げることになり、アカデミックな人は「こういう補助金に申請したら通ったよ」と活動が始まっていきました。そのうち、「アメリカのネコ動画を見るフェスがすごいらしい。アプローチしたら日本でやれる権利が取れた」ということで「岐阜ネコ祭り」がクラウドファンディングのプロジェクトになったのです。それをネコ情報サイトのブログで発信したら、ヤフーニュースやハフィントン・ポストにも取り上げられて広がっていき……という展開につながったのでした。**まさに「強みしか活かしていない共創」です。**

ちなみに、2015年6月末には4つめのプロジェクトが413万円を集め、クラウドファンディングの支援額が累計で1000万円を超えています。

「ネコ祭り」のプロジェクトを先ほどの「お客さんと遊ぶ3つのコツ」にあてはめてみましょう。

①メッセージがある

2022年2月22日までにネコの殺処分ゼロ

②強みを活かす

想いの強さと実行力

共感してくれるネコ好きを集めてチームをつくる力

③最初は仲間内でよい

最初の100人までは半分以上が知り合い

ネコには興味のない知人でも参加しやすい特典をつくる

このように、うまく転がり始めるプロジェクトは、この3つの要素を満たしていることがわかります。

「共創する人」は、
まずお客さんと遊んでみて、
まわりの人が失敗と思うような結果に終わっても、
「自分にとってはたいしたコストでもないし、やっていて楽しいから」と言って、
やめる理由もないので続けているうちに、
予想もしない人とのつながりが生まれて、
面白い展開に転がっていく、

ということが起こって、どんどん独自の価値が生まれていくのです。

さて、きょうはお客さんと何をして遊びましょうか?

あとがき

　このあとがきを書いている前日、ある岐阜の友人が「鶏ちゃん合衆国は本当に楽しそうだから仲間に入りたいんだけど、私は鶏肉が食べられないんです（涙）」とすごく残念がっていました。

　この本を読んでくださった方に伝わったらいいなと思うのは、「よし、わが社も共創しよう」と【ビジネスの計画を立てる】のではなくて、【夢中で遊ぶ】ように仕事をしていると「楽しそう」「仲間に入れて」と人が集まってくる、ということです。

　ビジネスとして計画しようとすると、だいたい始める前に「採算が合わないね」と判断されることになるでしょうから、やはり「共創の4P」の「プレイヤー（遊ぶ人）」になることからすべてが始まります。SNSが普及したことによって「遊び仲間との出会い」がこれまでより遥かに生まれやすくなっているのは、大きな追い風です。

「遊ぶ人」というのは文字通り、自分が夢中で遊んでいること。「お客さんを遊ばせる」のとは違います。ビジネスとしてやっているサイトや企画のなかには、「遊ばせればアクセスが増えて、マインドシェアも上がるだろう」という考えが透けて見えるものがあるのですが、そういうのはなんか違うわけです。

私がいつも思い出すのは、「卵の庄」畠中さんがEコマース黎明期に言った、「ウチの店は、私だけがつくったのではなくて、半分はお客さんがつくったようなもの」という一言です。お客さんとしゃべっているなかでいろいろアイデアが出てきて、それをやっているうちにできあがったのが今の店なので、半分はお客さんがつくった店なのだと。

そういうスタンスが、これからはますます意味を持ってくるでしょう。

「共創してもマネされたらどうするのか」という懸念をもつ方もいるかもしれません。

ちなみに、私のまわりの「遊ぶ人」は、マネされたときにはこう考えます。

「簡単にマネされたということは、それが自分の強みを活かした技ではなかったか、または、相手も同じ強みを持っていたかのどちらかだ」

と。

世の中に「自分と同じ強みを持っている人」などたくさんいるとわかっているので、気にしません。また次の遊びを開発すればよいだけなのです。

そうやって、次々と面白い遊びを考え出すプレースタイル自体にファンやサポーターが魅了されるのです。模倣者とは「あり方」が違います。

この本は、私がEコマースの世界に身を置いて16年間で学んだことの集大成です。

1999年から数年は、「人の購買行動」について研究をしていました。そのうち、まわりのネットショップが成長軌道に乗り、スタッフが増えて「人の問題」を抱えるようになったことで、「チームビルディング」の研究をするようになりました。やってみると、商売もチームづくりも、究極的には「人はどういうときに行動したくなるのか」というテーマに行き着くことがわかりました。

また、自分の所属する会社が20人から1万人になるというプロセスを体験できたこと自体が、チームの成長法則を考える上で大きな財産になっていました。

商売（マーケティング）とチームビルディングを一緒に学んできた仲間が増えてくると、「商売って結局、お客さんともチームになれたらいいってことだよね」という話で盛り上がるようになりました。

そこで、「お客さんとチームをつくる」をテーマに「チームビルディングマーケティングプログラム」という3カ月間の実践プログラムをやってみました。前著『あのお店はなぜ消耗戦を抜け出せたのか』に出てくる「レモン部」は、そこから出てきた企画です。

そのうち、「南三陸町楽天出店プロジェクト」に携わることになり、まわりのEC経営者や店長さんに「この指とまれ」と声をかけたら、全国から十数名が手を挙げてくれました。それぞれ強みが異なるメンバーだったので、SNSグループで意見を出し合いストーミングを経て各自の凸を発揮したのが、「こども夢花火」の成果につながりました。チームビルディングマーケティングの威力を実感し、本書で述べてきたような「3・0時代の商売」の方向性を確信することになる出来事でした。

この本は、商売における価値創造・価値伝達を扱いながらも、一つの章を「チームづくり」に割いたところが類書との「違い」です。

もし読者のなかで、第3章の「チームづくり」をより詳しく理解したいと思われた方がいらっしゃるなら、拙著『今いるメンバーで「大金星」を挙げるチームの法則』（講談社刊）を参照してみてください。本書では「フォーミング・ストーミング・ノーミング」

の3ステージで解説した「チームの成長法則」が、同書では4ステージモデルとして展開されています。本書では、限られた紙幅でわかりやすさを優先したため、3ステージにしてあります。4つめのステージがどういうものなのか、お楽しみいただければ幸いです。


最後に、この本の内容を共に創ってきたパートナーのみなさんへ感謝を。

16年以上にわたって、一緒に遊んでくれるEC経営者・店長のみなさん。

その「遊び場」であるECプラットフォーム「楽天市場」をつくってくれた三木谷浩史さん。

「楽天大学チームビルディングプログラム」の共創パートナー、長尾彰さん。

「コンテンツで魅了するEC道（魅了道）」の共創パートナー、倉園佳三さん。

意義深いプロジェクトを共にやり切った「チームみなみな屋」のみなさん。

クラウドファンディング型ECの面白さを語り合わせてくれる「きびだんご」の松崎良太さん。

いつも私の思いつきを面白がってくれる、創発コミュニティ「次世代ECアイデアジャングル」のみなさん。

二冊続けて私に本づくりの機会を与えてくれた宣伝会議の中澤圭介さん。出版パートナー、アップルシード・エージェンシーの宮原陽介さん。そして前作に続いて今回も、遊びゴコロあふれるイラストを描いてくれた「邪悪なハンコ屋　しにものぐるい」の伊藤康一さん。

毎日、楽しくストーミングを繰り広げさせてくれる人生の共創パートナー、妻と息子9歳。

みなさんのおかげで、ずっと世に出したかった内容の本ができました。ありがとうございます！

この本を読んでワクワクしてきた方、「共創」「動的コマース」にピンときた方、よかったらメールをください（nakayama48@gmail.com）。

一緒に「3・0時代」の新しい価値創造スタイルを実践していきましょう！

2015年7月吉日

仲山　進也

本書で紹介したサイト

家具の里
http://www.rakuten.co.jp/kagunosato/

横浜チョコレートのバニラビーンズ
http://www.rakuten.ne.jp/gold/vanilla/

南三陸こども夢花火（アーカイブ）
http://www.m-kankou.jp/yumehanabi/

Kickstarter
https://www.kickstarter.com/

Kibidango
http://kibi-dango.jp/

ユリシーズ
http://ulysses.jp/

フェルミエプロジェクト
http://kibi-dango.jp/info.php?type=items&id=I0000001

エルクアトロギャッツ
http://www.rakuten.ne.jp/gold/els4gats/index.html

鶏ちゃん合衆国
http://keichan-us.com/

イーザッカマニアストアーズ
http://www.rakuten.ne.jp/gold/e-zakkamania/

ネコリパブリック
http://www.neco-republic.jp/

上野アメ横・小島屋
http://www.rakuten.co.jp/kojima-ya/

PowerDJ's
http://www.rakuten.ne.jp/gold/dj/

九谷焼専門店 和座
http://www.rakuten.co.jp/kutani/

著者プロフィール

仲山 進也（なかやま・しんや）

楽天株式会社 楽天大学学長

仲山考材株式会社 代表取締役「次世代ＥＣアイデアジャングル」主宰

北海道生まれ。慶應義塾大学法学部法律学科卒業。シャープ株式会社を経て、１９９９年に社員約20名の楽天株式会社へ移籍。初代ＥＣコンサルタントであり、楽天市場の最古参スタッフ。２０００年に「楽天大学」を設立、Ｅコマースのみならず、チームづくりや理念づくりまで幅広く、楽天市場出店者４万１０００社の成長パートナーとして活動中。楽天が20名から1万人の組織に成長するまでの経験をもとに人・チーム・企業の成長法則を体系化、社内外で「自走型人材」の成長を支援している。２００４年、Ｊリーグ「ヴィッセル神戸」の経営に参画。２００７年に楽天で唯一のフェロー風正社員（兼業フリー・勤怠フリーの正社員）となり、２００８年には仲山考材株式会社を設立、Ｅコマースの実践コミュニティ「次世代ＥＣアイデアジャングル」を主宰している。

著書

・『「ビジネス頭」の磨き方』（サンマーク出版）
・『今いるメンバーで「大金星」を挙げるチームの法則『ジャイアントキリング』の流儀』（講談社）
・『あのお店はなぜ消耗戦を抜け出せたのか ネット時代の老舗に学ぶ「戦わないマーケティング」』（宣伝会議）

あの会社はなぜ「違い」を生み出し続けられるのか

13のコラボ事例に学ぶ「共創価値のつくり方」

発行日	2015年8月1日　初版第1刷発行
著　者	仲山進也
発行人	東 英弥
発行元	株式会社宣伝会議
	〒107-8550　東京都港区南青山3-11-13 新青山東急ビル9F
	電　話：03-3475-7670（販売）
印刷・製本	中央精版印刷株式会社
カバーイラスト	伊藤康一
装丁・本文デザイン	有限会社エルグ
著者エージェント	アップルシード・エージェンシー
	http://www.appleseed.co.jp

ISBN978-4-88335-334-7